本書の特色と使い方

とてもゆっくりていねいに、段階を追った読解学習ができます。

・一シートの問題量を少なくして、ゆったりとした紙面構成で、読み書きが苦手な子どもでも、ゆっくりていねいに段階を追って学習することができます。
・漢字が苦手な子どもでも学習意欲が減退しないように、問題文の全てをかな文字で記載しています。

児童の個別学習の指導にも最適です。

・文学作品や説明文の読解の個別指導にも最適です。
・読解問題を解くとき、本文を二回読むようにご指導ください。その後、問題文をよく読み、本文から答えを見つけます。

光村図書・東京書籍・教育出版国語教科書などから抜粋した物語・説明文教材、ことば・文法教材の問題などを掲載しています。

・教科書掲載教材を使用して、授業の進度に合わせて予習・復習ができます。
・三社の優れた教科書教材を掲載しています。ぜひご活用ください。
・目次の 教科書 マークがついている単元は、教科書の本文が掲載されていません。教科書をよく読んで学習しましょう。

どの子も理解できるよう、長文は短く切って掲載しています。

・長い文章の読解問題の場合は、読みとりやすいように、問題文を二つなどに区切って、問題文と設問に1、2…と番号をつけ、短い文章から読みとれるよう配慮しました。
・読解のワークシートでは、設問の中で着目すべき言葉に傍線（サイドライン）を引いておきました。
・記述解答が必要な設問については、答えの一部をあらかじめ解答欄に記載しておきました。

学習意欲をはぐくむ工夫をしています。

・できるだけ解答欄を広々と書きやすいよう配慮しています。
・内容を理解するための説明イラストなども多数掲載しています。
・イラストは色塗りなども楽しめます。

※**ワークシートの解答例について（お家の方や先生方へ）**
本書の解答は、あくまでもひとつの「解答例」です。お子さまに取り組ませる前に、必ず指導される方が問題を解いてください。指導される方の作られた解答をもとに、お子さまの多様な考えに寄り添って〇つけをお願いします。

もっと　ゆっくり　ていねいに学べる

読解ワーク　基礎編

（光村図書・東京書籍・教育出版の教科書教材などより抜粋）

もくじ　2－①

詩　お話　せつめい文

ことば

たんぽぽ

名まえ

つぎの 文《ぶん》しょうを 二回《にかい》 読《よ》んで、答《こた》えましょう。

たんぽぽ

「たんぽぽさんって、
㋐まぶしいのね。
ひまわりさんの 子《こ》で、
お日《ひ》さまの
まごだから。」
と、ちょうちょうが
きいた。
㋑たんぽぽは、
うふんと
わらった。

※まご…その 人《ひと》の 子《こ》どもが 生《う》んだ 子《こ》ども。ここでは、お日《ひ》さまの 子《こ》どもの 子《こ》どもの こと。

（令和二年度版 光村図書 こくご二上 たんぽぽ まど・みちお）

(1) たんぽぽが ㋐まぶしいのは、なぜですか。

たんぽぽが、[　　　　]さんの 子《こ》で、[　　　　]の [　　　　]だから。

(2) ちょうちょうの ことばを きいた ㋑たんぽぽは、どう しましたか。

[　][　][　]と わらった。

ふきのとう (1)

名まえ

つぎの あらすじと 文《ぶん》しょうを 二回《にかい》 読《よ》んで、答《こた》えましょう。

竹《たけ》やぶの そばの ふきのとうが、雪《ゆき》の 下《した》に あたまを 出《だ》して、雪《ゆき》を どけようと ふんばって います。その 雪《ゆき》も、「早《はや》く とけて とおくへ いきたいけれど、竹《たけ》やぶの かげに なって、お日《ひ》さまが あたらない。」と ざんねんそうです。竹《たけ》やぶも、「ゆれて おどりたいけれど、はるかぜが こないと、おどれない。」と ざんねんそうです。

1

空《そら》の 上《うえ》で、お日《ひ》さまが
わらいました。
「おや、はるかぜが
ねぼうして いるな。
竹《たけ》やぶも 雪《ゆき》も
ふきのとうも、
㋐みんな こまって
いるな。」

2

そこで、南《みなみ》を むいて
言《い》いました。
㋐「おうい、はるかぜ。
おきなさい。」

（令和二年度版 光村図書 こくご二上 たんぽぽ くどう なおこ）

1

(1) ねぼうして いるのは、だれですか。

(2) ㋐みんなとは、だれですか。三《みっ》つに ○を つけましょう。

（ ）空《そら》　（ ）お日《ひ》さま

（ ）はるかぜ　（ ）竹《たけ》やぶ

（ ）雪《ゆき》　（ ）ふきのとう

2

(1) ㋐は だれが 言《い》った ことばですか。

ふきのとう (2)

名まえ

つぎの 文《ぶん》しょうを 二回《にかい》 読《よ》んで、答《こた》えましょう。

1

お日《ひ》さまに おこされて、
はるかぜは、
大《おお》きな あくび。
それから、せのびして
言《い》いました。

2

「や、お日《ひ》さま。
や、みんな。
㋐おまちどお。」
はるかぜは、
むね いっぱいに
㋑いきを すい、
ふうっと いきを
はきました。

（令和二年度版 光村図書 こくご二上 たんぽぽ くどう なおこ）

1

(1) はるかぜを おこしたのは、だれですか。

(2) はるかぜが した ことは、なんですか。

・大《おお》きな □□□。

・それから、□□□。

2

(1) ㋐おまちどおと 言《い》ったのは、だれですか。

(2) はるかぜは、㋑いきを すい、どう しましたか。

□ と □ を はきました。

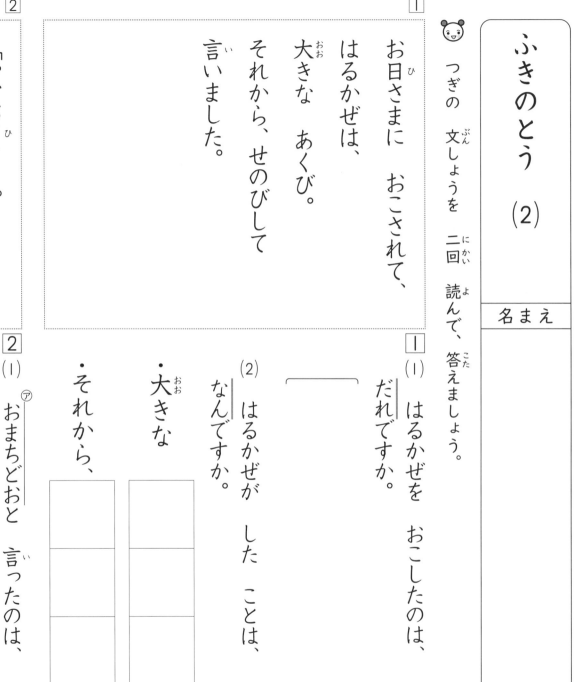

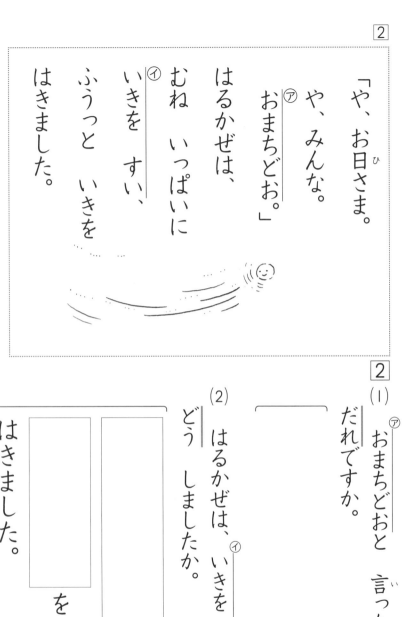

ふきのとう (3)

名まえ

つぎの 文《ぶん》しょうを 二回《にかい》 読《よ》んで、答《こた》えましょう。

はるかぜに ふかれて、
竹《たけ》やぶが、ゆれる ゆれる、
おどる。
雪《ゆき》が、とける とける、
水《みず》に なる。
ふきのとうが、㋐ふんばる、
せが のびる。

（令和二年度版 光村図書 こくご二上 たんぽぽ くどう なおこ）

(1) はるかぜに ふかれて、①〜③の ように なったのは、だれですか。

① ゆれる ゆれる、おどる。

（　　　　）

② とける とける、水《みず》に なる。

（　　　　）

③ ふんばる、せが のびる。

（　　　　）

(2) ㋐ふんばるとは、どういう いみですか。○を つけましょう。

（　）ふきのとうが 力《ちから》を 入《い》れて 出《で》ようと する こと。

（　）ふきのとうが じめんに もぐる こと。

ふきのとう (4)

名まえ

つぎの 文《ぶん》しょうを 二回《にかい》 読《よ》んで、答《こた》えましょう。

ふかれて、
ゆれて、
とけて、
㋐ふんばって、
――もっこり。

ふきのとうが、かおを
出《だ》しました。
「㋑こんにちは。」
㋒もう、
すっかり　はるです。

（令和二年度版　光村図書　こくご二上　たんぽぽ　くどう　なおこ）

(1) ふきのとうは、㋐ふんばって、どのように　かおを　出《だ》しましたか。

(2) ㋑こんにちはと　言《い》ったのは　だれですか。

(3) ㋒もう、きせつは　いつですか。

たんぽぽの ちえ (1)

名まえ

つぎの 文《ぶん》しょうを 二回《にかい》 読《よ》んで、答《こた》えましょう。

1

春《はる》に なると、
たんぽぽの
黄色《きいろ》い きれいな
花《はな》が さきます。

2

二《に》、三日《さんにち》 たつと、
㋐その 花《はな》は ㋑しぼんで、
だんだん 黒《くろ》っぽい
色《いろ》に かわって いきます。

（令和二年度版　光村図書　こくご二上　たんぽぽ　うえむら　としお）

1

(1) たんぽぽの 花《はな》は、いつに なると、さきますか。

(2) たんぽぽの 花《はな》は なに色《いろ》ですか。○を つけましょう。

（　）白色《しろいろ》

（　）黄色《きいろ》

2

(1) ㋐その 花《はな》とは なんの 花《はな》ですか。

(2) 花《はな》は ㋑しぼんで、どう なりますか。

色《いろ》に かわって いきます。

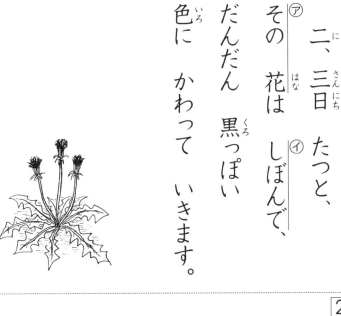

たんぽぽの ちえ ⑵

名まえ

つぎの 文《ぶん》しょうを 二《に》回《かい》 読《よ》んで、答《こた》えましょう。

1

そうして、たんぽぽの ㋐花《はな》の じくは、ぐったりと じめんに たおれて しまいます。

2

けれども、たんぽぽは、㋑かれて しまったのでは ありません。

（令和二年度版　光村図書　こくご二上　たんぽぽ　うえむら　としお）

1 たんぽぽの ㋐花《はな》の じくは、どう なりますか。

花《はな》の じくは、（　　　　）と じめんに（　　　　）しまいます。

2 ㋑かれて しまったのでは ありませんとは、どういう いみですか。○を つけましょう。

（　）たんぽぽは、かれて いない。

（　）たんぽぽは、かれて しまった。

たんぽぽの　ちえ　(3)

名まえ

つぎの　文《ぶん》しょうを　二回《にかい》　読《よ》んで、答《こた》えましょう。

1

花《はな》と　じくを
しずかに　休《やす》ませて、
㋐たねに、たくさんの
えいようを
おくって
いるのです。

2

こうして、たんぽぽは、
㋑たねを　どんどん
太《ふと》らせるのです。

1

(1) なにを　しずかに　休《やす》ませますか。

［　］と［　］。

(2) ㋐たねに、なにを　おくって　いるのですか。

たくさんの［　］。

2

(1) こうして、たんぽぽは、㋑たねを　どう　しますか。

たねを［　］のです。

（令和二年度版　光村図書　こくご二上　たんぽぽ　うえむら　としお）

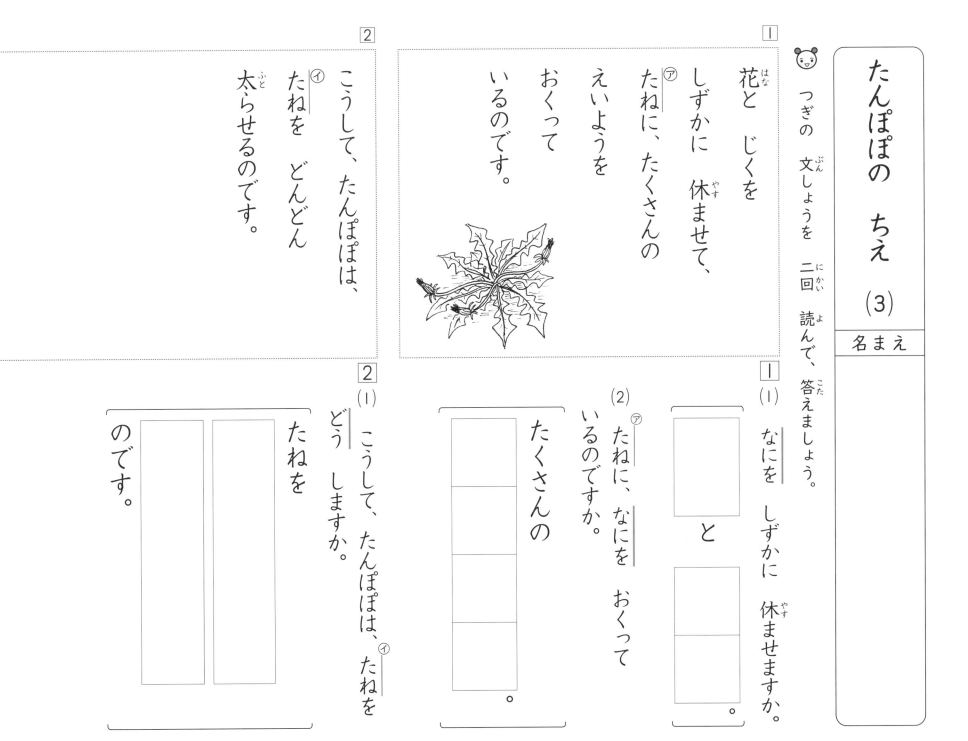

たんぽぽの ちえ (4)

名まえ

つぎの 文《ぶん》しょうを 二回《にかい》 読《よ》んで、答《こた》えましょう。

1

やがて、花《はな》は すっかり かれて、その あとに、白《しろ》い わた毛《げ》が できて きます。

2

この わた毛《げ》の 一《ひと》つ一《ひと》つは、ひろがると、㋐らっかさんのように なります。

㋑たんぽぽは、この わた毛《げ》に ついて いる たねを、ふわふわと とばすのです。

※らっかさんのような わた毛《げ》…

（令和二年度版 光村図書 こくご二上 たんぽぽ うえむら としお）

1

(1) やがて、花《はな》は どう なりますか。○を つけましょう。

（　）すっかり かれる。

（　）すっかり ひらく。

(2) かれた あとに、なにが できて きますか。

［　　　］

2

(1) ひろがると、㋐らっかさんのように なるのは、なんですか。

［わた毛《げ》の 　　　。］

(2) ㋑たんぽぽは、なにを とばすのですか。

［　　　に ついて いる 　　　。］

たんぽぽの ちえ (5)

名まえ

つぎの 文《ぶん》しょうを 二回《にかい》 読《よ》んで、答《こた》えましょう。

1

この ころに なると、それまで たおれて いた ㋐花《はな》の じくが、また ㋑おき上《あ》がります。

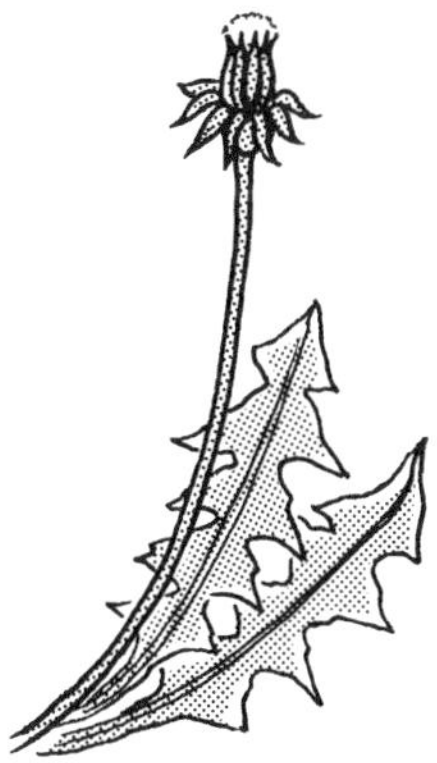

2

そうして、せのびを するように、ぐんぐん のびて いきます。

（令和二年度版 光村図書 こくご二上 たんぽぽ うえむら としお）

1

(1) たおれて いた ㋐花《はな》の じくは、どのように なりますか。○を つけましょう。

（　）たおれたままで います。

（　）また おき上《あ》がります。

(2) なにが ㋑おき上《あ》がりますか。

［　　　　］

2

(1) そうして、花《はな》の じくは、どのように のびて いきますか。

［　　　　］を するように、［　　　　］のびて いきます。

たんぽぽの ちえ (6)

名まえ

つぎの 文《ぶん》しょうを 二回《にかい》 読《よ》んで、答《こた》えましょう。

1

なぜ、こんな ことを するのでしょう。それは、㋐せいを 高《たか》く する ほうが、わた毛《げ》に 風《かぜ》が よく あたって、たねを とおくまで とばす ことが できるからです。

2

よく 晴《は》れて、風《かぜ》の ある 日《ひ》には、㋑わた毛《げ》の らっかさんは、いっぱいに ひらいて、とおくまで とんで いきます。

（令和二年度版　光村図書　こくご二上　たんぽぽ　うえむら　としお）

1 ㋐せいを 高《たか》く すると、どんな ことが できますか。

＿＿＿＿に ＿＿＿＿が よく あたって、＿＿＿＿を ＿＿＿＿まで とばす ことが できます。

2 ㋑わた毛《げ》の らっかさんは、どんな 日《ひ》に とおくまで とんで いきますか。

＿＿＿＿

たんぽぽの ちえ (7)

名まえ

つぎの 文《ぶん》しょうを 二回《にかい》 読《よ》んで、答《こた》えましょう。

1

でも、しめり気《け》の 多《おお》い 日《ひ》や、雨《あめ》ふりの 日《ひ》には、わた毛《げ》の らっかさんは、すぼんで しまいます。

※すぼむ…ひらいて いた ものが 小《ちい》さく なる。

2

それは、わた毛《げ》が しめって、おもく なると、たねを とおくまで とばす ことが できないからです。

（令和二年度版 光村図書 こくご二上 たんぽぽ うえむら としお）

1 わた毛《げ》の らっかさんが すぼんで しまうのは、どんな 日《ひ》ですか。二《ふた》つ 書《か》きましょう。

・［　　　　］の 多《おお》い 日《ひ》。

・［　　　　］の 日《ひ》。

2 わた毛《げ》が しめって、おもく なると、どんな ことが できない のですか。

［　　］を とおくまで ［　　　　］ こと。

たんぽぽの ちえ (8)

名まえ

つぎの 文《ぶん》しょうを 二回《にかい》 読《よ》んで、答《こた》えましょう。

このように、
たんぽぽは、
いろいろな ちえを
㋐はたらかせて います。
そうして、あちらこちらに
たねを ㋑ちらして、
あたらしい なかまを
ふやして いくのです。

（令和二年度版　光村図書　こくご二上　たんぽぽ　うえむら　としお）

(1) たんぽぽは、なにを ㋐はたらかせて いますか。

(2) たんぽぽは、なにを ㋑ちらして、いますか。

(3) たんぽぽは、たねを ㋑ちらして、なにを して いくのですか。

スイミー (1)

名まえ

きょうか書《しょ》の つぎの 文《ぶん》を 二回《にかい》 読《よ》んで、答《こた》えましょう。

1

〔広《ひろ》い 海《うみ》の どこかに、…〕から

〔…たのしく くらして いた。〕まで

2

〔みんな 赤《あか》いのに、…〕から

〔… 名前《なまえ》は スイミー。〕まで

1

(1) 広《ひろ》い 海《うみ》の どこかに、だれが くらして いましたか。

小《ちい》さな 魚《さかな》の ［　　］ たち。

(2) どんなふうに くらして いましたか。

［　　］ くらして いた。

2

(1) スイミーは、どんな 魚《さかな》ですか。二《ふた》つ 書《か》きましょう。

① からす貝《がい》よりも ［　　］。

② ［　　］ のは、だれよりも ［　　］。

スイミー （2）

名まえ

きょうか書《しょ》の つぎの 文《ぶん》を 二回《にかい》 読《よ》んで、答《こた》えましょう。

1

「ある 日《ひ》、おそろしい まぐろが、…」

から

「… にげたのは スイミーだけ。」

まで

2

「スイミーは およいだ、…」

から

「…とても かなしかった。」

まで

1

(1) まぐろは、どんな ようすで つっこんで きましたか。

「[　　　] を すかせて、[　　　] はやさで [　　　] みたいに つっこんで きた。」

(2) にげたのは だれですか。

[　　　　]

2

(1) スイミーは、どこを およぎましたか。

[　　　　]

(2) スイミーは、どんな 気《き》もちでしたか。三《みっ》つに ○を つけましょう。

（　）とても おもしろかった。

（　）とても かなしかった。

（　）さびしかった。

（　）うれしかった。

（　）こわかった。

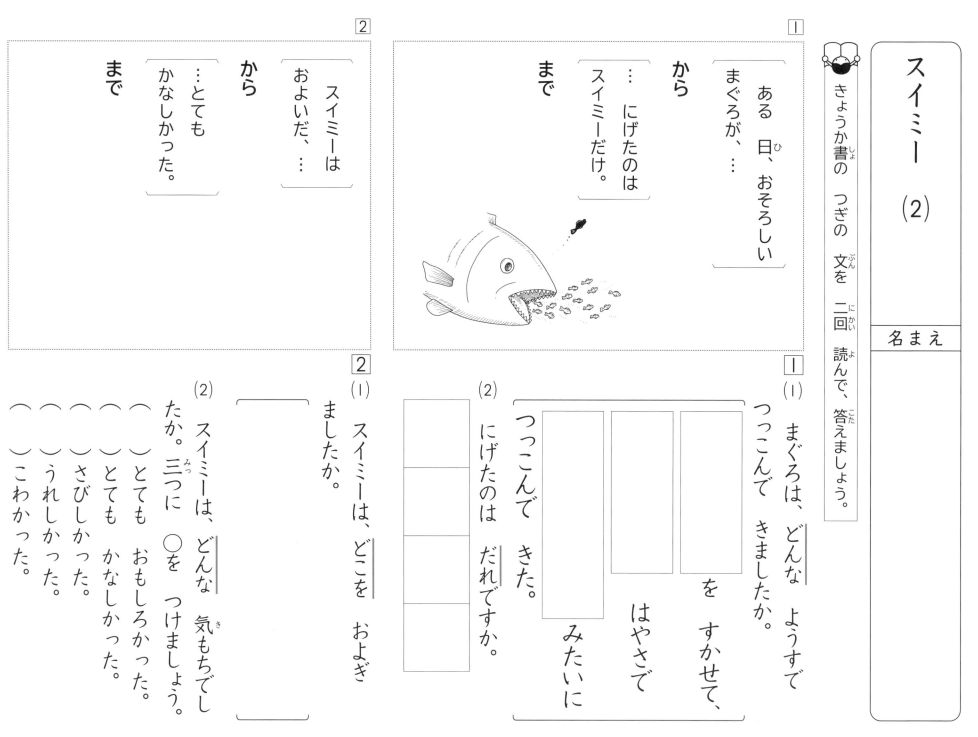

スイミー (3)

名まえ

きょうか書《しょ》の つぎの 文《ぶん》を 二回《にかい》 読《よ》んで、答《こた》えましょう。

1

「けれど、海《うみ》には、…」

から

「…スイミーは、だんだん 元気《げんき》を とりもどした。」

まで

2

「にじ色《いろ》の ゼリーの ような くらげ。…」

から

「…やしの 木《き》みたいな いそぎんちゃく。」

まで

1

(1) スイミーは、海《うみ》に ある おもしろい ものを 見《み》る たびに、どう なりましたか。

だんだん ＿＿＿ を ＿＿＿。

2

(1) くらげは、なんのようですか。

＿＿＿ の ゼリー。

(2) 水中《すいちゅう》ブルドーザーみたいな ものは、なんですか。

＿＿＿

(3) ドロップみたいな 岩《いわ》から 生《は》えて いるのは、なんですか。

＿＿＿ や、＿＿＿。

スイミー (4)

きょうか書《しょ》の　つぎの　文《ぶん》を　二回《にかい》　読《よ》んで、答《こた》えましょう。

名まえ

1

その　とき、岩《いわ》かげに、
スイミーは　見《み》つけた、…

から

…おもしろい　ものが
いっぱいだよ。」

まで

2

小《ちい》さな　赤《あか》い
魚《さかな》たちは、…

から

…いろいろ　かんがえた。
うんと　かんがえた。

まで

1

(1) スイミーは、岩《いわ》かげに　なにを　見《み》つけましたか。

スイミーのと［　　　］の、
小《ちい》さな　魚《さかな》の［　　　］。

(2) スイミーは、なにが　いっぱい　あると　言《い》いましたか。

［　　　］

2

(1) 小《ちい》さな　魚《さかな》たちが、岩《いわ》かげに　じっと　して　いるのは、なぜ　ですか。

［　　　］

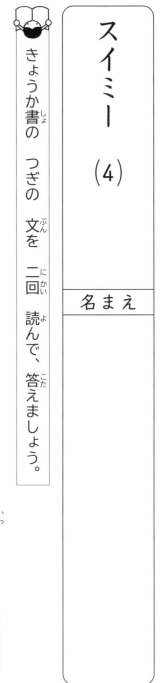

スイミー　(5)

名まえ

きょうか書《しょ》の　つぎの　文《ぶん》を　二回《にかい》　読《よ》んで、答《こた》えましょう。

1

それから、とつぜん…

から

…海《うみ》で　いちばん　大《おお》きな
魚《さかな》の　ふりを　して。」

まで

2

スイミーは　教《おし》えた。…

から

…みんな、もちばを
まもる　こと。

まで

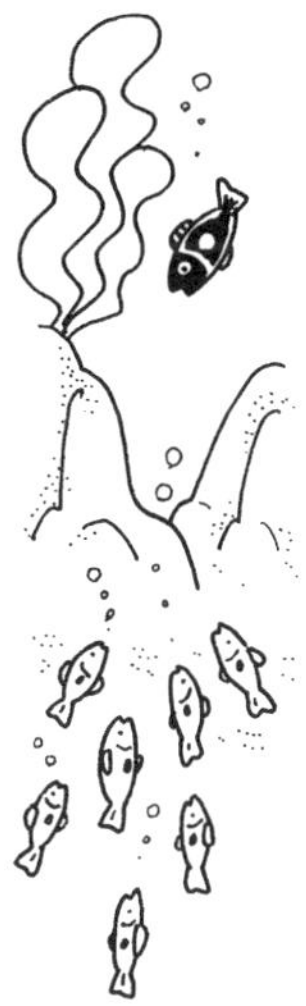

1　スイミーが、かんがえて、とつぜん　さけんだ　ことばを　書《か》きましょう。

そうだ。みんな　［　　］に
およぐんだ。
［　　］で　いちばん
［　　］の
ふりを　して。

2　スイミーが、教《おし》えた　ことは　なんですか。

①　けっして、
［　　］に
ならない　こと。

②　みんな、
［　　］［　　］を
こと。

スイミー (6)

名まえ

きょうか書《しょ》の　つぎの　文《ぶん》を　二回《にかい》　読《よ》んで、答《こた》えましょう。

「みんなが、一《いっ》ぴきの　大《おお》きな　魚《さかな》みたいに…」

から

「…大《おお》きな　魚《さかな》を　おい出《だ》した。」

まで

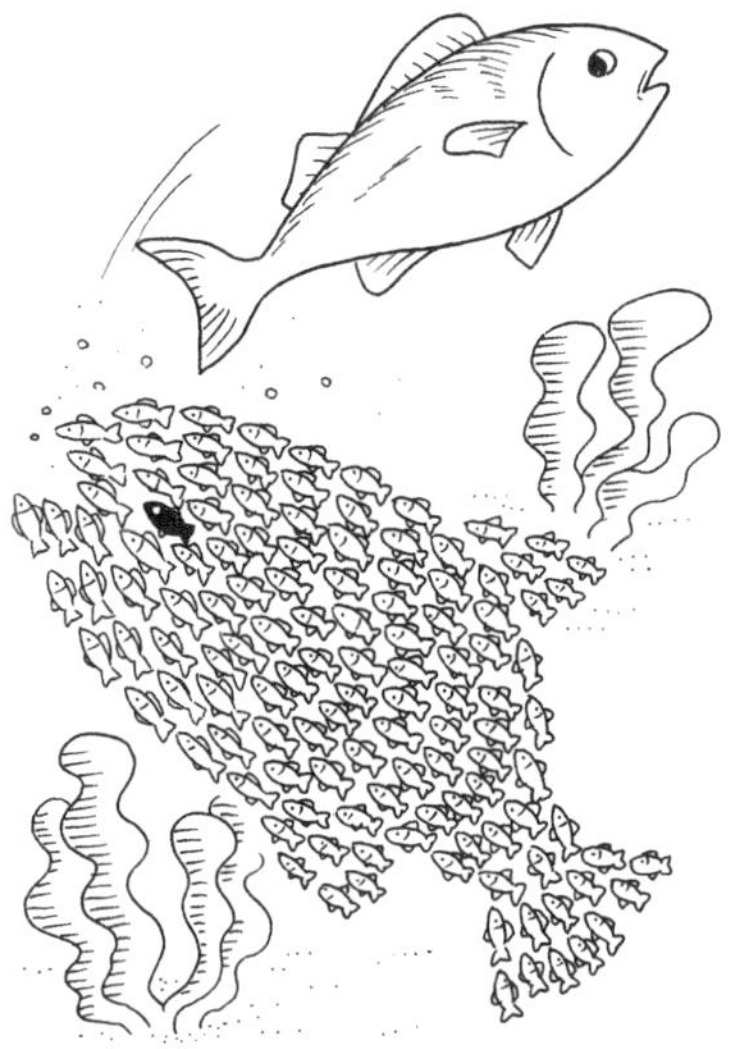

(1)　「ぼくが、目《め》に　なろう。」と　スイミーが　言《い》ったのは、どんな　ときですか。

みんなが、一《いっ》ぴきの［　　　］みたいに［　　　］ように　なった　とき。

(2)　「ぼくが、目《め》に　なろう。」と　スイミーが　言《い》ったのは、なぜですか。○を　つけましょう。

（　）スイミーだけが、まっ赤《か》だったから。

（　）スイミーだけが、まっくろだったから。

(3)　みんなは　およいで、さいごに　どう　しましたか。

どうぶつ園《えん》のじゅうい （１）

名まえ

つぎの あらすじと 文《ぶん》しょうを 二回《にかい》 読《よ》んで、答《こた》えましょう。

わたしは、どうぶつ園《えん》で はたらいて いる じゅういです。わたしの しごとは、どうぶつたちが びょうきや けがを した とき、元気《げんき》に くらせるように、ちりょうを します。

１

お昼前《ひるまえ》に、どうぶつ園《えん》の中《なか》にある びょういんに もどりました。すると、けがをした にほんざるが くすりをのまないと、しいくいんさんが ㋐こまっていました。

１

（１） いつ びょういんに もどりましたか。

（２） しいくいんさんは、どんな ことに ㋐こまって いましたか。

けがをした ［　　　］ が ［　　　］ を のまない こと。

２

にほんざるは、にがいあじが大《だい》きらいです。えさの中《なか》に くすりを入《い》れて のませようとしても、㋑すぐに気《き》づかれました。

２

（１） にほんざるは、なにが 大《だい》きらいですか。

（２） どんな ことに ㋑すぐに気《き》づかれましたか。○を つけましょう。

（　）にがいあじが 大《だい》きらいな こと。

（　）えさの 中《なか》に くすりを 入《い》れて のませる こと。

（令和二年度版 光村図書 こくご二上 たんぽぽ うえだ みや）

どうぶつ園《えん》のじゅうい (2)

名まえ

つぎの　文《ぶん》しょうを　二回《にかい》　読《よ》んで、答《こた》えましょう。

㋐くすりをこなにして、
半分《はんぶん》に切《き》ったバナナに
はさんでわたしました。
すると、くすりの
ところだけをよけて、
㋑たべてしまいました。
こなをはちみつにまぜたら、
やっと、いっしょに
のみこんでくれました。

（令和二年度版　光村図書　こくご二上　たんぽぽ　うえだ　みや）

(1)　㋐くすりを　どのように　して　わたしましたか。

くすりを ［　　］ にして、［　　］ に切《き》った ［　　］ に はさんでわたしました。

(2)　にほんざるは、どのように　して　㋑たべてしまいましたか。一《ひと》つに　○を　つけましょう。

（　）くすりの　ところだけを　よけて、たべた。
（　）くすりだけを　たべた。
（　）くすりと　バナナを　たべた。

(3)　こなを　なにに　まぜたら、のみこんで　くれましたか。

［　　　　］

どうぶつ園《えん》のじゅうい (3)

名まえ

つぎの 文《ぶん》しょうを 二回《にかい》 読《よ》んで、答《こた》えましょう。

1

夕方《ゆうがた》、しいくいんさんから電話《でんわ》がかかってきました。ペンギンが、ボールペンをのみこんで しまったと いうのです。

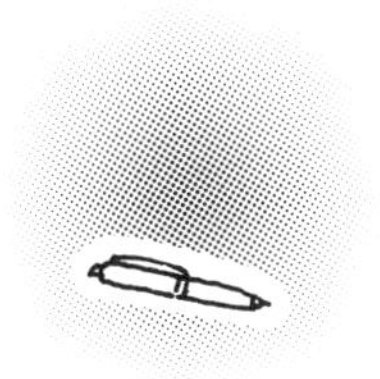

2

ペンギンは、水中《すいちゅう》で魚《さかな》をつかまえて、丸《まる》ごとのむので、えさと㋐まちがえたのでしょう。

1

(1) だれから 電話《でんわ》が かかって きましたか。

[　　　　]

(2) どんな 電話《でんわ》が かかって きましたか。

[　　　　]が、[　　　　]を のみこんで しまった。

2

(1) ペンギンは、どのように して 魚《さかな》を のむのですか。

[　　　　]で 魚《さかな》を、[　　　　]、[　　　　]のむのです。

(2) なにと ㋐まちがえたのでしょうか。

[　　]

（令和二年度版　光村図書　こくご二上　たんぽぽ　うえだ　みや）

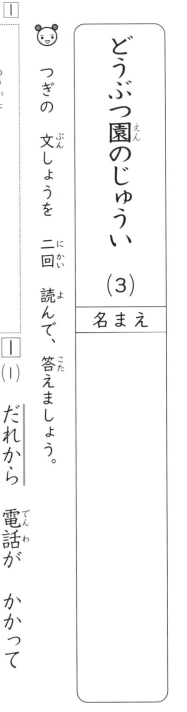

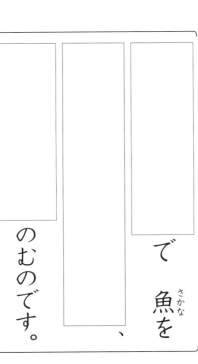

どうぶつ園《えん》のじゅうい　(4)

名まえ

つぎの　文《ぶん》しょうを　二回《にかい》　読《よ》んで、答《こた》えましょう。

いのちにかかわる
たいへんなことです。
大《おお》いそぎで
くすりをのませて
はかせると、
ボールペンが出《で》てきました。
早《はや》めに㋐手当《てあ》てができたので、
ペンギンは、
その後《あと》すぐに
元気《げんき》になりました。
㋑ひとあんしんです。

（令和二年度版　光村図書　こくご二上　たんぽぽ　うえだ　みや）

(1)　ペンギンに　どんな　㋐手当《てあ》てを　しましたか。

大《おお》いそぎで　□　をのませて　□　。

(2)　くすりを　のませて　はかせた　とき、ペンギンの　口《くち》から　なにが　出《で》てきましたか。

□□□□□

(3)　ペンギンが　すぐに　元気《げんき》に　なったのは、なぜですか。

早《はや》めに　□　が　できたから。

(4)　㋑ひとあんしんですと　ありますが、なぜですか。

□

どうぶつ園《えん》のじゅうい (5)

名まえ

つぎの 文《ぶん》しょうを 二回《にかい》 読《よ》んで、答《こた》えましょう。

1

一日《いちにち》のしごとの
おわりには、
きょうあったできごとや、
どうぶつを見《み》て
気《き》がついたことを、
日記《にっき》に書《か》きます。

2

毎日《まいにち》、きろくを
しておくと、
つぎに同《おな》じような
びょうきやけがが
あったとき、
よりよいちりょうを
することが　できるのです。

（令和二年度版　光村図書　こくご二上　たんぽぽ　うえだ　みや）

1

(1) 一日《いちにち》の　しごとの　おわりには、日記《にっき》に　どんな　ことを　書《か》き　ますか。二《ふた》つ　書《か》きましょう。

① □ できごと。

② □ を見《み》て □ こと。

2

(1) きろくは、どのぐらい　しますか。○を　つけましょう。

（　）一日《いちにち》だけ　する。

（　）毎日《まいにち》　する。

(2) きろくを　しておくのは、なぜですか。

つぎに　同《おな》じような □ や □ が　あったとき、よりよい □ を　することが　できるから。

どうぶつ園《えん》のじゅうい　(6)

名まえ

つぎの　文《ぶん》しょうを　二回《にかい》　読《よ》んで、答《こた》えましょう。

どうぶつ園《えん》を出《で》る前《まえ》には、
かならずおふろに入《はい》ります。
どうぶつの体《からだ》には、
人間《にんげん》のびょうきの
もとに　なるものが
ついていることが　あります。
だから、どうぶつに
さわった後《あと》は、㋐それを
どうぶつ園《えん》の外《そと》に
もち出《だ》さないために、
おふろで　体《からだ》を
あらわなければ
いけないのです。
これで、ようやく
長《なが》い一日《いちにち》がおわります。

（令和二年度版　光村図書　こくご二上　たんぽぽ　うえだ　みや）

(1) どうぶつ園《えん》を　出《で》る　前《まえ》に、かならず　する　ことは　なんですか。

(2) ㋐それとは、なんですか。

（　　　　）の（　　　　）の　もとに　なるもの。

(3) ㋐それを　どう　する　ために　おふろで　体《からだ》を　あらわなければ　いけないのですか。

（　　　　）の　外《そと》に（　　　　）ために、おふろで　体《からだ》を　あらわなければ　いけないのです。

たけのこ ぐん

名まえ

つぎの しを 二回《にかい》 読《よ》んで、答《こた》えましょう。

たけのこ ぐん

ぶしか えつこ

たけのこが
ぐん
せのびして
㋐つちを わったよ

あたまに きらり
つゆを のせてる
あさの おほしさんに
もらったのかな

たけのこ のびろ
㋑ぐん

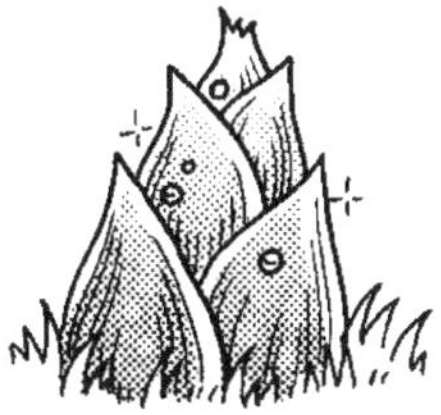

※つゆ…あさ早《はや》く、草《くさ》の 上《うえ》などに 見《み》られる 水《みず》の つぶ。

（令和二年度版 東京書籍 新しい国語 二上 ぶしか えつこ）

(1) たけのこが のびる ようすが わかる ことばを 文中《ぶんちゅう》から かき出《だ》しましょう。

(2) ㋐つちを わったとは、どういう いみですか。○を つけましょう。

（　）たけのこが 土《つち》の 中《なか》から 出《で》て きた。

（　）たけのこが 土《つち》の 中《なか》に 入《はい》って いた。

(3) たけのこの あたまに のせて いる ものは、なんですか。

(4) ㋑ぐんから どんな かんじが しますか。一《ひと》つに ○を つけましょう。

（　）しずかに のびろ

（　）力《ちから》いっぱい のびろ

（　）すこし のびろ

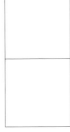

風《かぜ》のゆうびんやさん (1)

名まえ

つぎの 文《ぶん》しょうを 二回《にかい》 読《よ》んで、答《こた》えましょう。

1

風《かぜ》の ゆうびんやさんは、風《かぜ》の じてん車《しゃ》に のって やって きます。リンリンと ベルを ならして、ひゅうっと とおりすぎて いきます。

2

ゆうびんやさんの かばんは、はいたつする 手紙《てがみ》で いっぱいです。でも、㋐ちっとも おもたそうでは ありません。

※はいたつ…ゆうびんなどを くばって とどける こと。

（令和二年度版 東京書籍 新しい国語 二上 たけした ふみこ）

1

(1) 風《かぜ》の ゆうびんやさんは、なにに のって やって きますか。

(2) ベルは どんな 音《おと》を ならして いますか。文中《ぶんちゅう》から 書《か》き出しましょう。

2

(1) ゆうびんやさんの かばんは、なにで いっぱいですか。

(2) ㋐ちっともとは、どういう いみですか。一《ひと》つに ○を つけましょう。

（　）すごく

（　）とっても

（　）すこしも

風《かぜ》のゆうびんやさん ⑵

名まえ

つぎの 文《ぶん》しょうを 二回《にかい》 読《よ》んで、答《こた》えましょう。

1

せまい みちでも、
さかみちでも、
ゆうびんやさんは、
口《くち》ぶえを ふきながら、
すいすい はしります。

2

㋐「あげはちょうさん、
ゆうびんです。」
花《はな》びらみたいな、
いい においの 手《て》紙《がみ》が
とどきました。

（令和二年度版 東京書籍 新しい国語 二上 たけした ふみこ）

1

(1) ゆうびんやさんは、どんな みちを はしると 書《か》いて ありますか。二《ふた》つに ○を つけましょう。

（　）ひろい みち
（　）せまい みち
（　）さかみち
（　）がたがたみち

(2) ゆうびんやさんは、なにを ふきながら はしりますか。

2

(1) ㋐は、ゆうびんやさんが だれに 言《い》った ことばですか。

(2) どんな 手《て》紙《がみ》が とどきましたか。文中《ぶんちゅう》から 書《か》き出《だ》しましょう。

［　　］みたいな、いい ［　　］の 手《て》紙《がみ》。

風《かぜ》のゆうびんやさん (3)

名まえ

つぎの 文《ぶん》しょうを 二回《にかい》 読《よ》んで、答《こた》えましょう。

「あら、うれしい。
パーティーの
しょうたいじょうですって。
こうえんで、ばらの
花《はな》が さいたんですって。
㋐ぜひ 行《い》かなくちゃ。」
おしゃれな
あげはちょうは、
いそいそと
㋑したくを
はじめます。

※いそいそと…うれしくて、どうさが はずむ ようす。

(令和二年度版 東京書籍 新しい国語 二上 たけした ふみこ)

(1) ㋐ぜひ 行《い》かなくちゃは、だれが 言《い》った ことばですか。

(　　　　　　)

(2) パーティーに、㋐ぜひ 行《い》かなくちゃと おもったのは、なぜですか。

こうえんで □ が、さいたから。

(3) ㋑したくと おなじ いみの ことばに 一《ひと》つ ○を つけましょう。

(　)はいたつ
(　)せんたく
(　)じゅんび

(4) パーティの しょうたいじょうが とどいて、どんな 気《き》もちに なりましたか。文中《ぶんちゅう》から 書《か》き 出《だ》しましょう。

□□□□

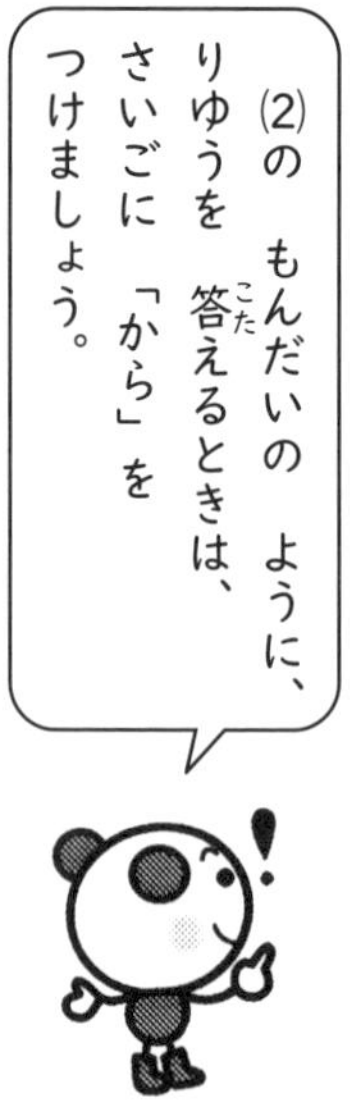

(2)の もんだいの ように、
りゆうを 答《こた》えるときは、
さいごに 「から」を
つけましょう。

風《かぜ》のゆうびんやさん (4)

名まえ

つぎの 文《ぶん》しょうを 二回《にかい》 読《よ》んで、答《こた》えましょう。

1

「犬《いぬ》さん、ゆうびんです。」
にわの 犬小屋《いぬごや》の、
おじいさん犬《いぬ》の
ところには、はがきが
とどきました。

2

「ほう。となり町《まち》に
ひっこして いった、
まごたちからだ。
みんな 元気《げんき》に
くらして います、か。
うん。よかった、
よかった。」

1

(1) おじいさん犬《いぬ》は、どこに すんでいますか。

(2) おじいさん犬《いぬ》に なにが とどきましたか。

2

(1) まごたちから、どんなはがきが、とどきましたか。○を つけましょう。

（　）じぶんたちは 元気《げんき》に して いると つたえる はがき。

（　）おじいさん犬《いぬ》に、元気《げんき》ですかと、きいて いる はがき。

(2) はがきを よんだ おじいさん犬《いぬ》の 気《き》もちが わかる ところを 文中《ぶんちゅう》から 書《か》き出《だ》しましょう。

（令和二年度版 東京書籍 新しい国語 二上 たけした ふみこ）

名前《なまえ》を 見《み》て ちょうだい (1)

名まえ

つぎの 文《ぶん》しょうを 二回《にかい》 読《よ》んで、答《こた》えましょう。

1

えっちゃんは、
おかあさんに 赤《あか》い
すてきな ぼうしを
もらいました。
Ⓐ「うらを 見《み》て ごらん。」
そう 言《い》われて、
ぼうしの うらを 見《み》ると、
青《あお》い 糸《いと》で 名前《なまえ》が
ししゅうして
あります。

2

「う、め、だ、え、つ、こ。
うふっ。㋐ありがとう。」
えっちゃんは、
ぼうしを
ぎゅうっと かぶりました。
そして、さっそく、あそびに
出《で》かける ことに しました。

（令和二年度版 東京書籍 新しい国語 二上 あまん きみこ）

1

(1) Ⓐは、だれが だれに 言《い》った ことばですか。

［　　　］が ［　　　］に 言《い》った ことば。

(2) つぎの ①②は、それぞれ 何色《なにいろ》ですか。

① えっちゃんの ぼうしの 色《いろ》 ［　　　］

② 名前《なまえ》の ししゅうの 色《いろ》 ［　　　］

2

(1) えっちゃんの 名前《なまえ》を、書《か》きましょう。

［　］［　］［　］［　］［　］［　］

(2) えっちゃんは、㋐ありがとうと 言《い》って、何《なに》を しましたか。

［　　　］を ぎゅうっと ［　　　］。

名前《なまえ》を 見《み》て ちょうだい (2)

名まえ

つぎの 文《ぶん》しょうを 二回《にかい》 読《よ》んで、答《こた》えましょう。

1

さて、えっちゃんが
門《もん》を 出《で》た とき、つよい
風《かぜ》が ふいて きて、
㋐いきなり ぼうしを
さらって いきました。
㋑「こら、ぼうし、まてえ。」

2

えっちゃんは
はしりだしました。
ぼうしは、
リボンを
ひらひら
させながら、のはらの
方《ほう》へ とんで いきます。

（令和二年度版 東京書籍 新しい国語 二上 あまん きみこ）

1

(1) ㋐いきなりとは、どういう いみですか。一《ひと》つに ○を つけましょう。

（　）きゅうに
（　）ゆっくり
（　）すっかり

(2) ㋑こら、ぼうし、まてえとは、だれが、何《なに》に 言《い》った ことばですか。

［えっちゃん］が ［　　］に 言《い》った ことば。

2

(1) えっちゃんは、何《なに》を しようと して、はしりだしましたか。

［　　　　］

(2) ぼうしは、どこへ とんで いったのですか。○を つけましょう。

（　）のはらの 方《ほう》。
（　）門《もん》の ある 方《ほう》。

名前《なまえ》を 見《み》て ちょうだい (3)

名まえ

つぎの 文《ぶん》しょうを 二回《にかい》 読《よ》んで、答《こた》えましょう。

1

えっちゃんが その のはらに はしって いくと、赤《あか》い ぼうしを ちょこんと かぶった きつねが 一《いっ》ぴき、白《しろ》い すすきを もって、プープー ふいて いました。

2

「それ、あたしの ぼうしよ。」
きつねの 頭《あたま》を ゆびさして、えっちゃんが 言《い》いました。すると、ふりむいた きつねは、すまして こたえました。

（令和二年度版 東京書籍 新しい国語 二上 あまん きみこ）

1

(1) きつねは、何《なに》を かぶって いましたか。

(2) きつねは、何《なに》を ふいて いましたか。

(3) すすきは、どんな 音《おと》を ならして いましたか。

2

(1) □に あてはまる ことばを 書《か》きましょう。

きつねの □ を ゆびさして、□ が 言《い》いました。

(2) すまして こたえたのは、だれですか。

名前《なまえ》を 見《み》て ちょうだい (4)

名まえ

つぎの 文《ぶん》しょうを 二回《にかい》 読《よ》んで、答《こた》えましょう。

えっちゃんと きつねが 話《はな》して います。

1

㋐「ぼくのだよ。」

㋑「あたしの 名前《なまえ》が 書《か》いて あるわ。名前《なまえ》を 見《み》て ちょうだい。」

きつねは、㋐しぶしぶ ぼうしを ぬいで、名前《なまえ》の ところを 見《み》せました。

2

「ほうら、ぼくの 名前《なまえ》だよ。の、は、ら、こ、ん、き、ち。」

なるほど、きつねの 言《い》う とおり。本当《ほんとう》に そう 見《み》えます。

㋑「へんねえ。」

（令和二年度版 東京書籍 新しい国語 二上 あまん きみこ）

1

(1) ㋐と㋑は、それぞれ、だれが 言《い》った ことばですか。

㋐

㋑

(2) ㋐しぶしぶ ぼうしを ぬいで とは、どんな ようすですか。○を つけましょう。

（　）いやだけど、しかたなく ぬぐ ようす。

（　）えらそうに いばり ながら ぬぐ ようす。

2

(1) きつねの 名前《なまえ》を、書《か》きましょう。

(2) どんなことに、㋑へんねえと 思《おも》ったのですか。

名前《なまえ》を 見《み》て ちょうだい (5)

名まえ

つぎの 文《ぶん》しょうを 二回《にかい》 読《よ》んで、答《こた》えましょう。

1

えっちゃんが もう 一度《いちど》 ㋐たしかめようと した とき、つよい 風《かぜ》が ふいて きて、いきなり ぼうしを さらって いきました。

「こら、ぼうし、まてえ。」

2

えっちゃんと きつねは はしりだしました。

ぼうしは、リボンを ㋑ひらひらさせながら、㋒こがね色《いろ》の はたけの 方《ほう》へ ㋓とんで いきます。

（令和二年度版 東京書籍 新しい国語 二上 あまん きみこ）

1

(1) ㋐たしかめようと した とき、何《なに》が ふいて きましたか。

（　　　　）

(2) 何《なに》が 何《なに》を さらって いきましたか。

（　　　　）が えっちゃんの （　　　　）を さらって いきました。

2

(1) ㋑ひらひらして いる ものは 何《なん》ですか。

（　　　　）

(2) ㋒こがね色《いろ》とは、どんな 色《いろ》ですか。○を つけましょう。

（　）ひかり かがやく 金色《きんいろ》。

（　）夕《ゆう》やけのような 赤色《あかいろ》。

(3) ㋓ぼうしは、どちらの 方《ほう》へ とんで いきますか。

（　　　　）

名前《なまえ》を 見《み》て ちょうだい (6)

つぎの 文《ぶん》しょうを 二回《にかい》 読《よ》んで、答《こた》えましょう。

名まえ

1

㋐えっちゃんたちが その はたけに はしって いくと、赤《あか》い ぼうしを ちょこんと かぶった 牛《うし》が 一《いっ》ぴき、青《あお》い 空《そら》を まぶしそうに 見上《みあ》げて いました。

2

あ「それ、あたしのよ。」
い「ぼくのだよ。」
牛《うし》の 頭《あたま》を ゆびさして、えっちゃんと きつねが 言《い》いました。すると、ふりむいた 牛《うし》は、すまして こたえました。
う「わたしのですよ。」

(令和二年度版 東京書籍 新しい国語 二上 あまん きみこ)

1

(1) ㋐えっちゃんたちとは、だれと だれですか。

えっちゃん と □。

(2) 牛《うし》は 青《あお》い 空《そら》を どのように 見上《みあ》げて いましたか。

□ 見上《みあ》げて いました。

2

(1) あいうは、だれが 言《い》った ことばですか。□から えらんで、うきえの きごうで 答《こた》えましょう。

あ え
い □
う □

う 牛《うし》　き きつね　え えっちゃん

(2) えっちゃんが ゆびさした 牛《うし》の 頭《あたま》には、何《なに》が ありますか。

□

いろんな おとの あめ

名まえ

つぎの しを 二回《にかい》 読《よ》んで、答《こた》えましょう。

いろんな おとの あめ

きしだ えりこ

あめ あめ
いろんな おとの あめ

はっぱに あたって ぴとん
まどに あたって ぱちん
かさに あたって ぱらん
ほっぺたに あたって ぷちん
てのひらの なかに ぽとん
こいぬの はなに ぴこん
こねこの しっぽに しゅるん
かえるの せなかに ぴたん
すみれの はなに しとん
くるまの やねに とてん

あめ あめ あめ あめ
いろんな おとの あめ

（令和二年度版 東京書籍 新しい国語 二上 きしだ えりこ）

(1) あめが、つぎの ものに あたった とき、どんな おとが しますか。
―線《せん》で むすびましょう。

① まど ・　　・しゅるん
② てのひら ・　　・ぱちん
③ こねこのしっぽ ・　　・しとん
④ すみれのはな ・　　・ぽとん

(2) つぎの おとは、あめが どこに おちた おとですか。

① ぴこん　[　　　]の[　　　]
② ぴたん　[　　　]の[　　　]
③ とてん　[　　　]の[　　　]

(3) あなたの かんがえた あめの おとを 書《か》いて みましょう。

[　　　　　　]

(4) それは、どこに おちた あめの おとですか。

[　　　　　　]

ニャーゴ（1）

名まえ

つぎの あらすじと 文《ぶん》しょうを 二回《にかい》 読《よ》んで、答《こた》えましょう。

三《さん》びきの 子《こ》ねずみは、ねこの たまおじさんに 出会《であ》いました。子《こ》ねずみたちは、いっしょに ももを とりに 行《い》こうと ねこを さそいます。ねこは ももを たくさん 食《た》べずに、あとで 子《こ》ねずみを 食《た》べようと 思《おも》いました。

1

ももを 食《た》べおわると、
三《さん》びきの 子《こ》ねずみと
ねこは、のこった
ももを もって、帰《かえ》って
いきました。

2

そして、あと 少《すこ》しの
ところまで
来《き》た ときです。
ねこは、ぴたっと 止《と》まって、
ニャーゴ
できるだけ こわい
顔《かお》で ㋐さけびました。

1 ももを 食《た》べおわると、子《こ》ねずみと ねこは、どう しましたか。一《ひと》つに ○を つけましょう。

（　）のこった ももを もって、帰《かえ》りました。

（　）のこった ももを 食《た》べて、帰《かえ》りました。

（　）のこった ももは おいて、帰《かえ》りました。

2 ㋐さけびましたに ついて 答《こた》えましょう。

① だれが ㋐さけびましたか。

② 何《なん》と ㋐さけびましたか。

③ どんな 顔《かお》で ㋐さけびましたか。

顔《かお》

（令和二年度版 東京書籍 新しい国語 二上 みやにし たつや）

ニャーゴ (2)

名まえ

つぎの 文《ぶん》しょうを 二回《にかい》 読《よ》んで、答《こた》えましょう。

とうじょう人《じん》ぶつ
三《さん》びきの 子《こ》ねずみ・ねこ

1

そして、
「㋐おまえたちを 食《く》って
やる。」
と ㋑言おうと した
その ときです。

2

ニャーゴ
ニャーゴ
ニャーゴ
三《さん》びきが
さけびました。

（令和二年度版　東京書籍　新しい国語　二上　みやにし　たつや）

1

(1) ㋐おまえたちとは、だれですか。

[　　　　]たち

(2) ㋑言《い》おうと したとは、どういう ことですか。○を つけましょう。

（　）声《こえ》に 出《だ》して 言《い》った。

（　）声《こえ》に 出《だ》そうと したが 言《い》って いない。

2

(1) ニャーゴ ニャーゴ ニャーゴに ついて 答《こた》えましょう。

① だれが 言《い》った ことばですか。

[　　　　]

② だれに むかって さけびましたか。

[　　　　]

ニャーゴ (3)

名まえ

つぎの 文《ぶん》しょうを 二回《にかい》 読《よ》んで、答《こた》えましょう。

とうじょう人《じん》ぶつ
三《さん》びきの 子《こ》ねずみ・ねこ（たまおじさん）

「へへへ、たまおじさんと ㋐はじめて 会《あ》った とき、おじさん、①ニャーゴって 言《い》ったよね。あの とき、おじさん、こんにちはって 言《い》ったんでしょう。そして、今《いま》の ②ニャーゴが さよならなんでしょ。」

（令和二年度版 東京書籍 新しい国語 二上 みやにし たつや）

(1) ㋐はじめて 会《あ》った ときに ついて 答《こた》えましょう。

① だれと だれが 会《あ》いましたか。

三びきの 子ねずみ と ＿＿＿＿ 。

② その とき おじさんは、何《なん》と 言《い》ったのですか。

＿＿＿＿

(2) ①と ②の ニャーゴに ついて 答《こた》えましょう。子《こ》ねずみたちは、どういう いみだと 思《おも》って いますか。

① はじめて 会《あ》った とき

＿＿＿＿

② 今《いま》

＿＿＿＿

ニャーゴ (4)

名まえ

つぎの 文《ぶん》しょうを 二回《にかい》 読《よ》んで、答《こた》えましょう。

とうじょう人《じん》ぶつ

三《さん》びきの 子《こ》ねずみ・ねこ（たまおじさん）

あ「㋐おじさん、はい、これ
おみやげ。」

い「みんな 一《ひと》つずつだよ。
ぼくは、弟《おとうと》に
おみやげ。」

「ぼくは、妹《いもうと》に。」

「ぼくは、弟《おとうと》に。」

たまおじさんは、
弟《おとうと》か 妹《いもうと》 いるの。」

（令和二年度版 東京書籍 新しい国語 二上 みやにし たつや）

(1) ㋐おじさんとは だれですか。
○を つけましょう。

（　）ねこ　（　）いぬ

(2) あいは、だれが 言《い》った ことばですか。○を つけましょう。

あ（　）子《こ》ねずみ　（　）ねこ（たまおじさん）

い（　）子《こ》ねずみ　（　）ねこ（たまおじさん）

(3) おみやげは、みんな いくつずつ ですか。

［　　　　］

(4) 子《こ》ねずみは、たまおじさんに 何《なん》と 聞《き》きましたか。

たまおじさんは［　　　　］か［　　　　］いるの。

ニャーゴ (5)

名まえ

つぎの 文《ぶん》しょうを 二回《にかい》 読《よ》んで、答《こた》えましょう。

1

とうじょう人《じん》ぶつ
三《さん》びきの 子《こ》ねずみ・ねこ

あ「おれの うちには、子《こ》どもが いる。」

ねこは、小《ちい》さな 声《こえ》で 答《こた》えました。

い「へえ、何《なん》びき。」

う「四《よん》ひきだ。」

2

ねこが そう 言《い》うと

「四《よん》ひきも いるなら
一《ひと》つじゃ 足《た》りないよね。
ア ぼくの あげる。」

1

(1) あいうは、それぞれ ねこか 子《こ》ねずみの うち、どちらが 言《い》った ことばですか。

あ

い

う

(2) 四《よん》ひきとは、何《なん》の 数《かず》ですか。

ねこの

2

(1) なぜ、子《こ》ねずみは、ア ぼくの あげると 言《い》ったのですか。

（令和二年度版 東京書籍 新しい国語 二上 みやにし たつや）

ニャーゴ (6)

名まえ

つぎの　文《ぶん》しょうを　二回《にかい》　読《よ》んで、答《こた》えましょう。

とうじょう人《じん》ぶつ
三《さん》びきの　子《こ》ねずみ・ねこ

あ「ぼくのも　あげるよ。」
「ぼくの　ももも。」
い「ううん。」
ねこは、ア大《おお》きな
ためいきを
一《ひと》つ　つきました。
ねこは、ももを
イかかえて
歩《ある》きだしました。

（令和二年度版　東京書籍　新しい国語　二上　みやにし　たつや）

(1) あいは、それぞれ　だれが　言《い》った　ことばですか。

あ

い

(2) だれが、ねこに　何《なに》を　あげると、言《い》ったのですか。

［　　　］が、
ねこに
［　　　］を
あげると　言《い》った。

(3) ねこは、なぜ　ア大《おお》きな　ためいきを　ついたのですか。○を　つけましょう。

（　）ももが　きらいだから。
（　）子《こ》ねずみを　食《た》べようと、思《おも》って　いたのに、ももを　くれて　やさしいから。

(4) イかかえてとは、どういう　いみですか。○を　つけましょう。

（　）かた手《て》で　ぶらさげて　もつ。
（　）りょう手《て》で　だくように　もつ。

ニャーゴ （7）

名まえ

つぎの 文《ぶん》しょうを 二回《にかい》 読《よ》んで、答《こた》えましょう。

とうじょう人《じん》ぶつ

三《さん》びきの 子《こ》ねずみ・ねこ（おじさん）

1

子《こ》ねずみたちが、手《て》を ふりながら さけんで います。

「おじさあん、また 行《い》こうね。」

あ「やくそくだよう。」

い「きっとだよう。」

2

ねこは、ももを ア だいじそうに かかえた まま、

イ ニャーゴ 小《ちい》さな 声《こえ》で 答《こた》えました。

（令和二年度版 東京書籍 新しい国語 二上 みやにし たつや）

1

(1) あいは、それぞれ だれが 言《い》った ことばですか。

あ

い

(2) 子《こ》ねずみたちは、だれに 手《て》を ふって いますか。

2

(1) ア だいじそうに かかえたと ありますが、なぜですか。思《おも》った ことを 書《か》きましょう。

(2) イ ニャーゴには、どんな 気《き》もちが こめられて いますか。思《おも》った ことを 書《か》きましょう。

「えいっ」(1)

名まえ

つぎの 文《ぶん》しょうを 二回《にかい》 読《よ》んで、答《こた》えましょう。

1

くまの とうさんと、
くまの 子《こ》どもが、町《まち》へ
ポップコーンを、
かいに
行《い》きました。

2

あるいて いると、
どうろの しんごうが、
赤《あか》に なりました。
「㋐あぶないから、わたっては
いけないよ。」
と、とうさんが
言《い》いました。
「うん。」
くまの 子《こ》が 言《い》いました。

(令和二年度版 教育出版 ひろがることば 小学国語 二上 みき たく)

1
(1) くまの 子《こ》どもは、だれと、町《まち》へ 何《なに》を かいに 行《い》きましたか。

[　　　　]と
町《まち》へ
[　　　　]を
かいに 行《い》きました。

2
(1) しんごうは、何色《なにいろ》に なりましたか。

[　　　　]

(2) ㋐あぶないから、わたっては いけないよと 言《い》ったのは、なぜですか。

[　　　　]が
[　　　　]に なったから。

りゆうを 答《こた》える ときは、さいごに 「から」を つけましょう。

「えいっ」(2)

名まえ

つぎの 文《ぶん》しょうを 二回《にかい》 読《よ》んで、答《こた》えましょう。

くまの 子《こ》と くまの とうさんが しんごうが かわるのを、まって います。

1

車《くるま》が、どんどん 通《とお》って いきます。

いくら まっても、赤《あか》です。

「とうさん、㋐まだ わたれないよ。」

2

「よし、よし。」

とうさんが 言《い》いました。

㋐「今《いま》、［ ㋑ ］に して あげるから、まって いなさい。」

（令和二年度版　教育出版　ひろがることば　小学国語　二上　みき　たく）

1 (1) 車《くるま》が 通《とお》って いく ようすを 四文字《よんもじ》で 書《か》きましょう。

［　］［　］［　］［　］

(2) ㋐まだ わたれないのは、なぜですか。

しんごうが ［　　　　］ まっても、［　　］ だから。

2 (1) ㋑には、色《いろ》の 名《な》まえが 入《はい》ります。何色《なにいろ》ですか。一《ひと》つに ○を つけましょう。

（　）赤《あか》　（　）青《あお》　（　）黄《き》

(2) ㋐は、だれが だれに 言《い》った ことばですか。

［　　　　］が ［　　　　］に 言《い》った ことば。

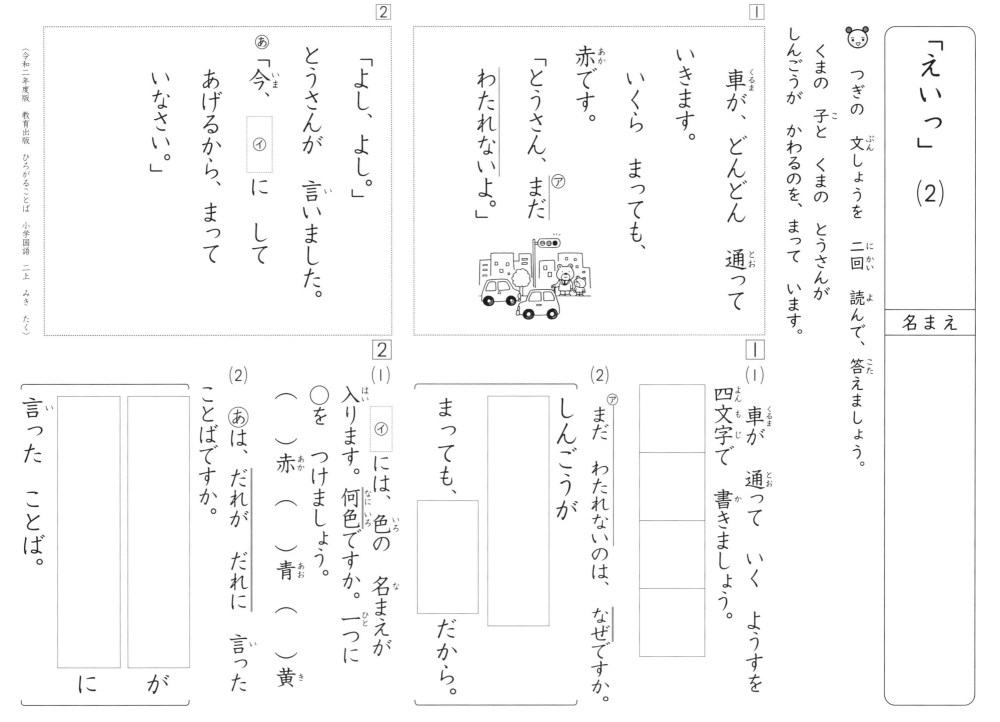

「えいっ」(3)

名まえ

つぎの 文《ぶん》しょうを 二回《にかい》 読《よ》んで、答《こた》えましょう。

1

それから、㋐ころあいを
見《み》はからって、
「えいっ。」
と 言《い》いました。
しんごうは、
青《あお》に なりました。

2

（ふうん。うちの
とうさんって、
㋑すごいんだ。）
くまの 子《こ》は、
かんしんしました。

1

(1) ㋐ころあいとは、どういう いみですか。○を つけましょう。

（　）ちょうど よい とき。

（　）タイミングが わるい とき。

(2) 「えいっ。」と 言《い》ったのは、だれですか。

(3) 「えいっ。」と 言《い》った とき しんごうは、何色《なにいろ》に なりましたか。

2

(1) ㋑すごいんだと ありますが、何《なに》が すごいのですか。

（　　　　）と 言《い》うと、（　　　　）が 青《あお》に なったから。

（令和二年度版　教育出版　ひろがることば　小学国語　二上　みき　たく）

「えいっ」(4)

名まえ

つぎの 文《ぶん》しょうを 二回《にかい》 読《よ》んで、答《こた》えましょう。

くまの 子《こ》と くまの とうさんが あるいて います。

1

(「えいっ。」って 言《い》えば、
しんごう、
かわっちゃうんだものな。)
ポップコーンを かって、
二人《ふたり》で あるいて いると、
いい 気持《きも》ちでした。

2

あ「とうさん、ねえ、
とうさん。」
い「なんだい。」
う「じゃあ、赤《あか》に する
ことも できるかい。」
え「(ア)できるとも。」
お「じゃあ、やって みせて
くれる。」

(令和二年度版 教育出版 ひろがることば 小学国語 二上 みき たく)

1

(1) 「えいっ。」と 言《い》えば、何《なに》が かわりますか。

(2) 二人《ふたり》で あるいて いると どんな 気持《きも》ちに なりましたか。

2

(1) くまの 子《こ》が 言《い》った ことばを あ〜おから、えらんで、きごうで 答《こた》えましょう。

(2) (ア)できるとは、何《なに》を する ことが できるのですか。

しんごう の 色《いろ》を、　　に する こと。

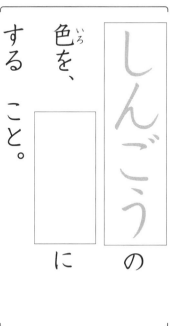

「えいっ」(5)

名まえ

つぎの 文《ぶん》しょうを 二回《にかい》 読《よ》んで、答《こた》えましょう。

くまの 子《こ》は とうさんに しんごうの 色《いろ》を 赤《あか》に かえて みせてと おねがいしました。

1

つぎの しんごうの ところへ きました。
しんごうは 青《あお》でした。
とうさんは、ころあいを 見《み》はからって、
㋐「えいっ。」
と 言《い》いました。

2

しんごうは、黄色《きいろ》に なりました。
「あれ、黄色《きいろ》だよ。」
くまの 子《こ》は、びっくりして 言《い》いました。

（令和二年度版　教育出版　ひろがることば　小学国語　二上　みき　たく）

1

(1) つぎの しんごうは、何色《なにいろ》でしたか。

[　　　　]

(2) とうさんは、何《なん》の ために「えいっ。」㋐と 言《い》いましたか。○を つけましょう。

（　）しんごうの 色《いろ》を かえる ため。

（　）しんごうの 色《いろ》を 青《あお》に する ため。

2

(1) くまの 子《こ》は、なぜ びっくり したのですか。

[　　　　] の 色《いろ》が、[　　　　] に なったから。

(2) くまの 子《こ》は、しんごうの 色《いろ》は、何色《なにいろ》に なると 思《おも》って いましたか。

[　　　　]

「えいっ」(6)

名まえ

つぎの 文《ぶん》しょうを 二回《にかい》 読《よ》んで、答《こた》えましょう。

1

とうさんは、また、
「えいっ。」
と 言《い》いました。
しんごうは、赤《あか》に
なりました。
（ふうん。ぼくの
とうさん、えらいんだ。）
と、くまの 子《こ》は
思《おも》いました。

2

「ねえ、とうさん。
でも、どうして
黄色《きいろ》なんかに
したの。」

1

(1) とうさんが、また、言《い》ったのは、どんな ことばですか。

［　　　　］

(2) しんごうが、赤《あか》に なって、くまの 子《こ》は どう 思《おも》いましたか。

［ぼくの ＿＿＿＿＿＿、＿＿＿＿＿＿。］

2

(1) とうさんが、「えいっ。」と 言《い》った とき、しんごうは、どのように かわって いきましたか。

はじめ 赤《あか》
↓「えいっ。」
青《あお》
↓「えいっ。」
［　　　　］
↓「えいっ。」
赤《あか》

（令和二年度版　教育出版　ひろがることば　小学国語　二上　みき　たく）

「えいっ」(7)

名まえ

つぎの 文《ぶん》しょうを 二回《にかい》 読《よ》んで 答《こた》えましょう。

1

Ⓐ「いっぺんに 赤《あか》だと、
みんなが
びっくりするからね。
一度《いちど》 黄色《きいろ》に して、
赤《あか》に する ことを、
おしえて
あげたのさ。」

2

「ああ、そうか。」
くまの 子《こ》は 言《い》いました。
「ぼくも、やって
みたいな。
ねえ、とうさん。ぼくも、
できるように
なるかしら。」

（令和二年度版 教育出版 ひろがることば 小学国語 二上 みき たく）

1

(1) Ⓐは、だれが 言《い》った ことばですか。

[　　　　]

(2) いっぺんに 赤《あか》だと、みんなが どう なりますか。

[　　　　]

(3) 何《なに》を おしえて あげましたか。

一度《いちど》 [　　] に して、[　　] に する こと。

2

(1) くまの 子《こ》は、とうさんには どんな ことが できると 思《おも》って いるのですか。□から えらんで 書《か》きましょう。

「えいっ。」と いう 声《こえ》で、[　　] の 色《いろ》を [　　] ことが できる。

・かえる　・「えいっ。」　・しんごう

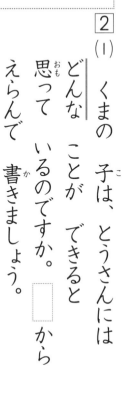

「えいっ」(8)

名まえ

つぎの 文《ぶん》しょうを 二回《にかい》 読《よ》んで 答《こた》えましょう。

1

「㋐大人に、なればね。」
とうさんは、
㋑平気《へいき》な かおを して
言《い》いました。

2

「まあ、しっかり
べんきょうするんだな。」
「㋒うん、ぼく、する。」
とうさんみたいに、
なりたい。」

（令和二年度版 教育出版 ひろがることば 小学国語 二上 みき たく）

1

(1) ㋐大人の 読《よ》みかたを 書《か》きましょう。

(2) ㋑平気《へいき》な かおとは、どんな かおですか。○を つけましょう。

（ ）おこった かお

（ ）おちついた かお

2

(1) ㋒うん、ぼく、すると ありますが、何《なに》を するのですか。

(2) くまの 子《こ》は、なぜ とうさん みたいに なりたいのですか。思《おも》った ことを 書《か》きましょう。

きつねのおきゃくさま (1)

名まえ

つぎの あらすじと 文《ぶん》しょうを 二回《にかい》 読《よ》んで、答《こた》えましょう。

はらぺこきつねは やせた ひよこと 出会《であ》いました。ひよこを たべようと 思《おも》いましたが、やせて いるので 太《ふと》らせてから たべる ことに しました。さんぽに 出《で》かけた ひよこは、やせた あひると 出会《であ》いました。あひるが、「いい すみかは ないか。」と こまって いたので、きつねの うちに さそいました。ひよこは こわがる あひるに、きつねの ことを 「親切《しんせつ》な お兄《にい》ちゃんだよ。」と 話《はな》しました。それを きいて、きつねは ぼうっと なりました。ひよこも あひるも、まるまる 太《ふと》って きました。きつねは、いつか 二人《ふたり》を たべようと 思《おも》って いました。

1

ある 日《ひ》、ひよこと あひるが、さんぽに 行《い》きたいと 言《い》い出《だ》した。

——㋐はあん。にげる 気《き》かな。きつねは、そうっと ついて いった。

2

ひよこと あひるが 夏《なつ》の うたなんか うたいながら あるいて いると、やせた うさぎが やって きたとさ。

（令和二年度版　教育出版　ひろがることば　小学国語　二上　あまん　きみこ）

1

(1) さんぽに 行《い》きたいと 言《い》い出《だ》したのは、ひよこと だれですか。

ひよこと ＿＿＿＿。

(2) ㋐はあん。にげる 気《き》かなと 思《おも》ったのは だれですか。

＿＿＿＿

2

(1) ひよこと あひるが あるいて いると、だれが やって きましたか。

＿＿＿＿

きつねの おきゃくさま (2)

名まえ

つぎの 文《ぶん》しょうを 二回《にかい》 読《よ》んで、答《こた》えましょう。

ひよこと あひると うさぎが 話《はなし》を して います。

1

㋐「やあ、ひよこと あひる。どこかに いい すみかは ないかなあ。こまってるんだ。」

「あるわよ。きつねお兄《にい》ちゃんちよ。㋐あたしたちと いっしょに 行《い》きましょ。」

※すみか…すむところ・いえ

2

「きつねだって？ とうんでもない。㋑がぶりと やられるぜ。」

「ううん。きつねお兄《にい》ちゃんは、かみさまみたいなんだよ。」

（令和二年度版　教育出版　ひろがることば　小学国語　二上　あまん　きみこ）

1

(1) ㋐は だれが 言《い》った ことばですか。

(2) ㋐あたしたちとは、だれと だれですか。

[　　　　] と [　　　　]。

2

(1) ㋑がぶりと やられるとは、どういう いみですか。一《ひと》つに ○を つけましょう。

（　）だまされて しまうよ。

（　）たべられて しまうよ。

（　）いっしょに すもうと 言《い》われるよ。

きつねの おきゃくさま (3)

名まえ

つぎの 文《ぶん》しょうを 二回《にかい》 読《よ》んで、答《こた》えましょう。

1

それを かげで 聞《き》いた
㋐きつねは、うっとりして、
きぜつしそうに
なったとさ。
そこで、
きつねは、ひよこと
あひると うさぎを、
そうとも、㋑かみさまみたいに
そだてた。

2

そして、㋒三人《さんにん》が「かみさま
みたいな お兄《にい》ちゃん」の
話《はなし》を して いると、
㋓ぼうっと なった。
うさぎも、まるまる
太《ふと》って きたぜ。

（令和二年度版 教育出版 ひろがることば 小学国語 二上 あまん きみこ）

1

(1) ㋐きつねは、うっとりして、きぜつしそうに なったと ありますが、なぜですか。一《ひと》つに ○を つけましょう。

（ ）はらが 立《た》ったから。

（ ）うれしく なったから。

（ ）かなしく なったから。

(2) ㋑かみさまみたいなのは、だれですか。

2

(1) ㋒三人《さんにん》とは、だれですか。三《みっ》つに ○を つけましょう。

（ ）きつね　（ ）ひよこ

（ ）あひる　（ ）うさぎ

(2) ㋓ぼうっと なったのは、だれですか。

きつねの おきゃくさま (4)

名まえ

つぎの 文《ぶん》しょうを 二回《にかい》 読《よ》んで、答《こた》えましょう。

1

ある 日《ひ》。
くろくも山《やま》の
おおかみが
下《お》りて きたとさ。
あ「こりゃ、うまそうな
においだねえ。
ふん ふん、ひよこに、
あひるに、うさぎだな。」

2

「いや、まだ いるぞ。
ア きつねが いるぞ。」
言《い》うなり、きつねは
とび出《だ》した。
きつねの からだに、
ゆうきが りんりんと
わいた。

※ゆうきが りんりんと…
おそれずに する ようす。

（令和二年度版 教育出版 ひろがることば 小学国語 二上 あまん きみこ）

1

(1) おおかみは、どこから やって きましたか。

［　　　　　］から やって きました。

(2) あは、だれが 言《い》った ことばですか。

［　　　　　］

2

(1) ア きつねが いるぞと 言《い》うなり とび出《だ》したのは、だれですか。

［　　　　　］

(2) きつねが とび出《だ》したのは、何《なん》の ためですか。一《ひと》つに ○を つけましょう。

（　）おおかみから、じぶんを まもるため。

（　）ひよこと、あひると、うさぎを、おおかみより 先《さき》に たべるため。

（　）おおかみから、ひよこと、あひると、うさぎを、まもるため。

きつねの おきゃくさま (5)

名まえ

つぎの 文《ぶん》しょうを 二回《にかい》 読《よ》んで、答《こた》えましょう。

おお、㋐たたかったとも、
たたかったとも。
じつに、じつに、
いさましかったぜ。

そして、おおかみは、
とうとう にげて
いったとさ。

その ばん。
きつねは、はずかしそうに
わらって しんだ。

※じつに…ほんとうに

(令和二年度版 教育出版 ひろがることば 小学国語 二上 あまん きみこ)

(1) ㋐たたかったとは、だれと だれが たたかいましたか。

[　　　　] と [　　　　] が たたかいました。

(2) たたかった あとの ことに ついて 答《こた》えましょう。

① おおかみは、たたかった あと、どう しましたか。

[　　　　]

② きつねは、どう なりましたか。

[　　　　]

きつねの おきゃくさま (6)

名まえ

つぎの 文《ぶん》しょうを 二回《にかい》 読《よ》んで、答《こた》えましょう。

1

まるまる 太《ふと》った、ひよこと あひると うさぎは、にじの 森《もり》に、小《ちい》さい ㋐おはかを 作《つく》った。

2

そして、せかい一《いち》 やさしい、親切《しんせつ》な、かみさまみたいな、そのうえ ゆうかんな きつねの ために、なみだを ながしたとさ。

とっぴん ぱらりの ぷう。

（令和二年度版 教育出版 ひろがることば 小学国語 二上 あまん きみこ）

1 ㋐おはかに ついて 答《こた》えましょう。

① だれの ㋐おはかですか。

② だれが 小《ちい》さい ㋐おはかを 作《つく》りましたか。

2 ひよこと あひると うさぎは、きつねの ことを どう 思《おも》って いますか。

せかい一《いち》 ＿＿＿＿、 親切 な、 ＿＿＿＿ みたいな、 そのうえ ＿＿＿＿ な きつね。

かなづかい (1)
「お」だんの ながい 音《おと》

名まえ

● 絵《え》に あう ことばを 書《か》きましょう。

①

こおり

②

ほのお

③

おおい

④

とおい

⑤

おおきい

⑥

おおかみ

⑦

こおろぎ

⑧

ほおずき

かなづかい (2)

「お」だんの ながい 音《おと》

名まえ

● 絵《え》に あう ことばを 書《か》きましょう。

①
ぞう

ぞう

②
ぼうし

ぼうし

③
すいとう

すいとう

④
ひこうき

ひこうき

⑤
いもうと

いもうと

⑥
おとうと

おとうと

⑦
ふくろう

ふくろう

⑧
ろうそく

ろうそく

とうもろこし

どうろ

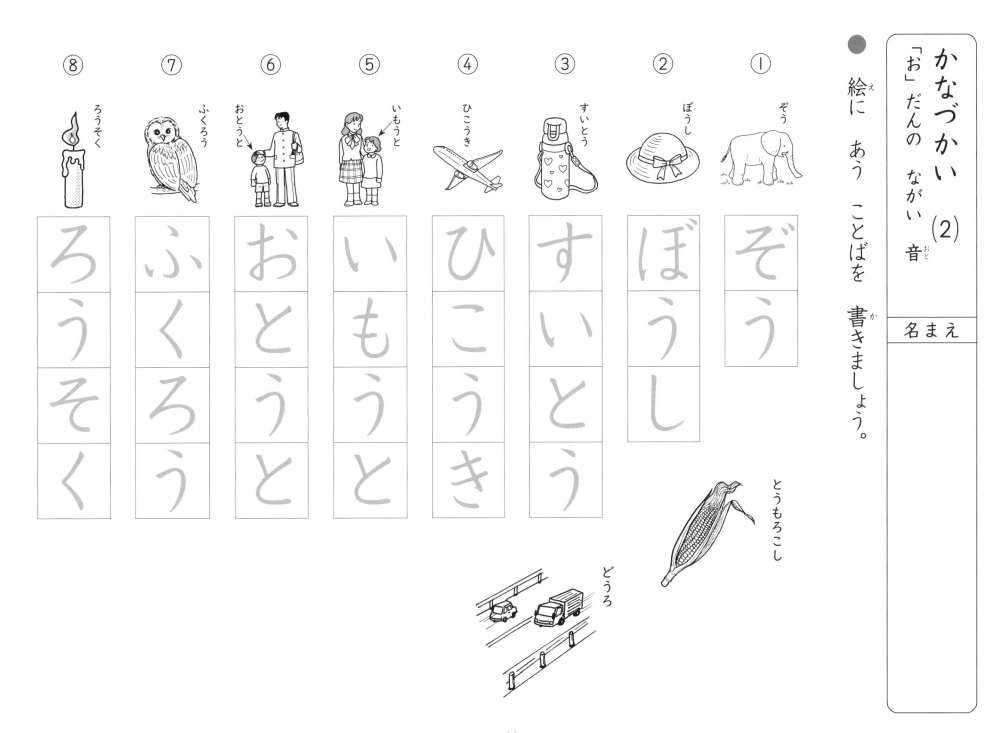

かなづかい (3)

「お」だんの ながい 音《おと》

名まえ

● 絵《え》に あう ことばは どれでしょう。︹︺の 文字《もじ》の 正《ただ》しい ほうを ○で かこみましょう。

① 

こ{お/う}り

② 

ほの{お/う}

③ 

ひこ{お/う}き

④ 

ぼ{お/う}し

⑤ 

お{お/う}かみ

⑥ 

すいと{お/う}

⑦ 

ほ{お/う}ずき

⑧ 

いも{お/う}と

⑨ 

ろ{お/う}そく

⑩ 

お{お/う}い

かなづかい (4)
じとぢ／ずとづ

名まえ

● 絵《え》に あう ことばを 書《か》きましょう。

①

くじら

くじら

②

すうじ

すうじ

③

そうじき

そうじき

④

はなぢ

はなぢ

⑤

みみず

みみず

⑥

うでずもう

うでずもう

⑦

かんづめ

かんづめ

⑧

みかづき

みかづき

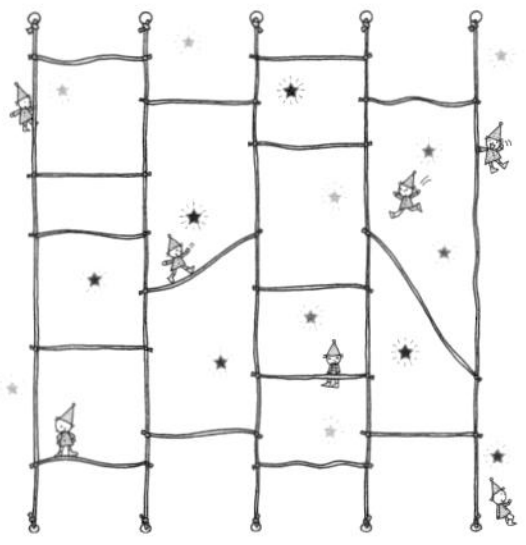

あみだくじ

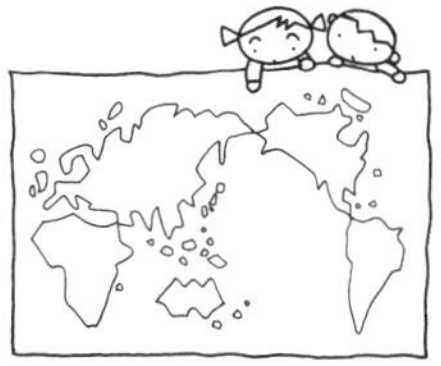

ちず

かたづける

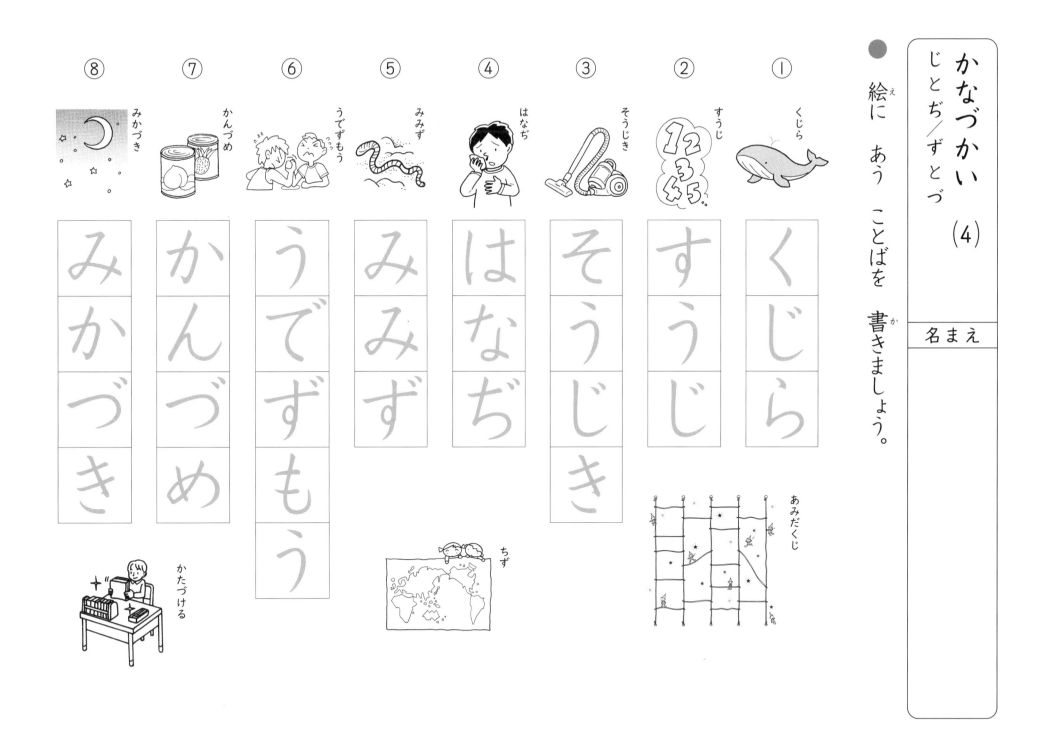

かなづかい (5)
じとぢ／ずとづ

名まえ

● 絵《え》を 見《み》て、□に あう 字《じ》を えらんで 書《か》きましょう。

① 

すう［じ］（じ・ぢ）

② 

かん□め（ず・づ）

③ 

うで□もう（ず・づ）

④ 

みか□き（ず・づ）

⑤ 

はな□（じ・ぢ）

⑥ 

く□ら（じ・ぢ）

⑦ 

みみ□（ず・づ）

⑧ 

そう□き（じ・ぢ）

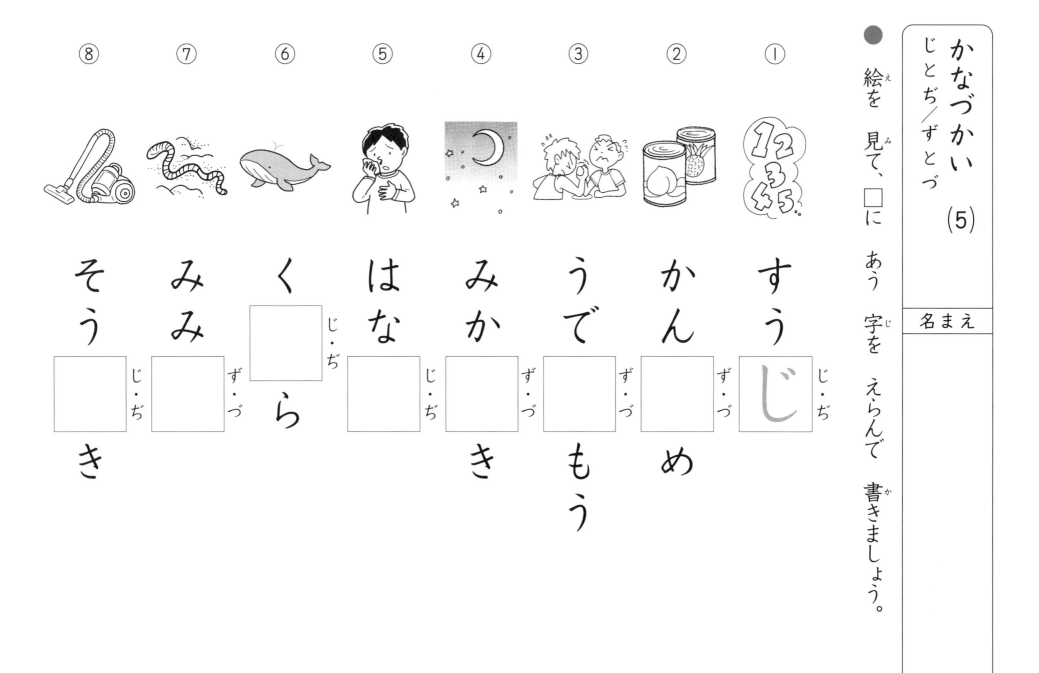

かなづかい (6)

くっつきの は・を・へ

名まえ

● □に あう 字《じ》を 書《か》きましょう。

① ともだち[を] むか[え]に えき[へ] いく。

② か[わ]いい ぬいぐるみ[を] もらった。

③ 山《やま》[へ][え]んそくに いく。

④ わたし[は]、[は]しるのが[は]やい。

⑤ にもつ[を] へや[へ] はこぶ。

⑥ [お]かあさんの かた[を] たたく。

⑦ ぼく[は]、ごはん[を][お]かわり する。

⑧ おね[え]さん[は]、うた[を] うたう。

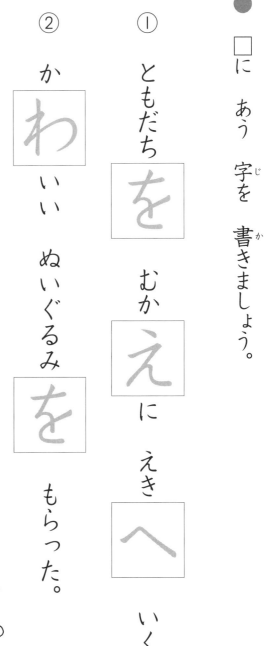

かなづかい (7)

くっつきの は・を・へ

名まえ

● □に あう 字《じ》を えらんで 書《か》きましょう。

① ともだち［を］（お・を） むか□（え・へ）に えき□（え・へ） いく。

② か□（は・わ）いい ぬいぐるみ□（お・を） もらった。

③ 山《やま》□（え・へ）□（え・へ）んそくに いく。

④ わたし□（は・わ）、□（は・わ）しるのが □（は・わ）やい。

⑤ にもつ□（お・を） へや□（え・へ） はこぶ。

⑥ □（お・を）かあさんの かた□（お・を） たたく。

⑦ ぼく□（は・わ）、ごはん□（お・を）□（お・を）かわり する。

⑧ おね□（え・へ）さん□（は・わ）、うた□（お・を） うたう。

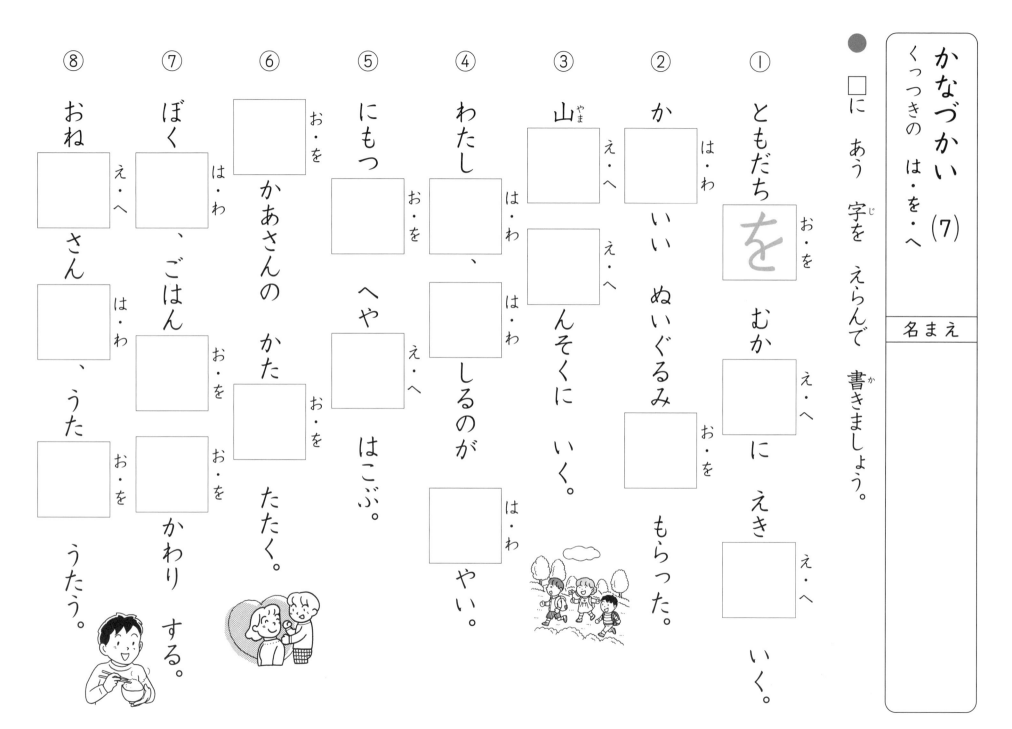

ひらがなで 書《か》くと おなじ ことば

名まえ

● つぎの 文《ぶん》を こえに 出《だ》して 読《よ》みましょう。――せんの 音《おと》の たかさを たしかめましょう。

①
・かみに のりを つける。
・ごはんに のりを まく。

②
・雪《ゆき》が ふる。
・手《て》を ふる。

③
・くじを ひく。
・くじに ねる。

④
・はしで ごはんを たべる。
・川《かわ》に はしを かける。

⑤
・ふくを きる。
・かみを きる。

⑥
・たこを あげる。
・たこを つる。

⑦
・きょうは あめだ。
・あめを なめる。

⑧
・白《しろ》い 糸《いと》を まく。
・たねを まく。

☆読《よ》み おわったら □に ○を つけましょう。

□

同《おな》じ　ぶぶんを　もつ　かん字《じ》(1)

名まえ

(1) ①〜③は　同《おな》じ　ぶぶんを　もつ　かん字《じ》です。あてはまる　同《おな》じ　ぶぶんを　──線《せん》で　むすびましょう。

① 村《むら》　林《はやし》　休《やす(む)》　・　・田

② 町《まち》　男《おとこ》　思《おも(う)》　・　・女

③ 妹《いもうと》　姉《あね》　・　・木

(2) つぎの　ぶぶんを　もつ　かん字《じ》を　□から　二《ふた》つずつ　えらんで　書《か》きましょう。

① 言…話

② 日…

③ 糸…

晴・線・話・絵・読・早

④ 氵…

⑤ 人…

⑥ 子…

海・今・学・会・字・汽

同《おな》じ ぶぶんを もつ かん字《じ》 (2)

名まえ

● つぎの 文《ぶん》の 中《なか》に、同《おな》じ ぶぶんを もつ かん字《じ》が 二《ふた》つずつ あります。二《ふた》つの かん字《じ》を さがして □に 書《か》きましょう。

① 学校《がっこう》で、あたらしい かん字《じ》を ならう。

学 字

② 小刀《こがたな》で 色《いろ》がみを 切《き》る。

③ 今《いま》、おとうさんは、会社《かいしゃ》に いる じかんだ。

④ わたしは、白《しろ》い 大《おお》きな 犬《いぬ》を かって いる。

⑤ 晴《は》れた 日《ひ》に 山《やま》のぼりを する。

⑥ 妹《いもうと》と 姉《あね》が、図書《としょ》かんへ 行《い》く。

丸《まる》（。）、点《てん》（、）、かぎ（「」）(1)

名まえ

・文《ぶん》を 書《か》く ときは、丸《まる》（。）や 点《てん》（、）を つかいましょう。
・丸《まる》（。）は 文《ぶん》の おわりに つけましょう。
・点《てん》（、）は、文《ぶん》の 中《なか》の 切《き》れ目《め》に うちましょう。

● つぎの 文《ぶん》を 丸《まる》（。）と 点《てん》（、）を つかって 書《か》きましょう。

① とんぼが、とんでいます。

とんぼが、とんでいます。

② 春《はる》に花《はな》が、さきます。

③ あにが、かぜをひいた。

④ ははと、かいものに行《い》く。

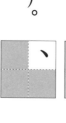

丸《まる》（。）、点《てん》（、）、かぎ（「」）(2)

名まえ

● つぎの　文《ぶん》を　丸《まる》（。）と　点《てん》（、）を　つかって　書《か》きましょう。

① ポストに、手《て》がみを入《い》れました。

ポストに、手がみを入れました。

② ぼうしが、風《かぜ》でとばされました。

③ ひまわりが、なつのはれた日《ひ》にさきました。

④ わたしは、口《くち》ぶえをふきながら歩《ある》きます。

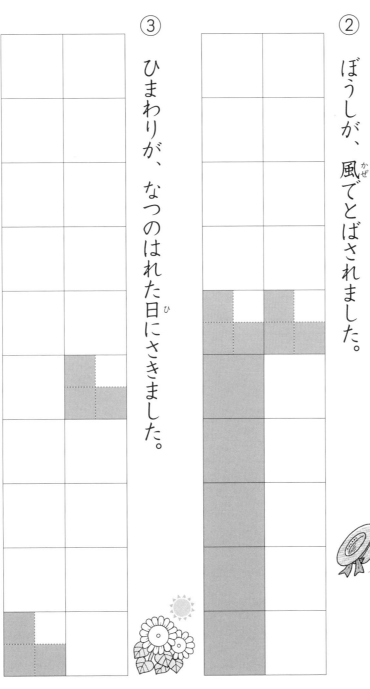

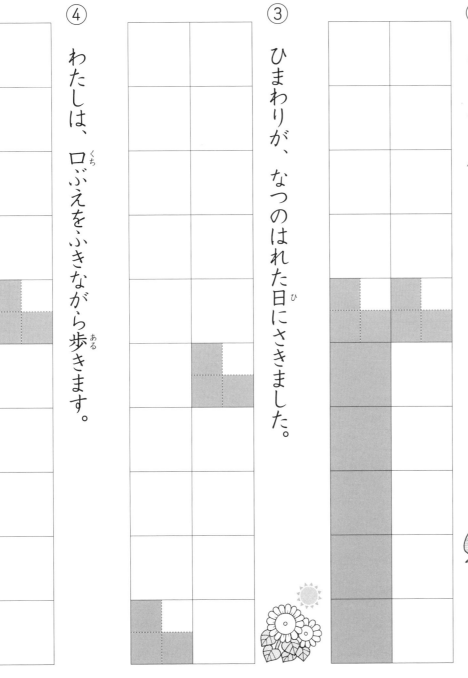

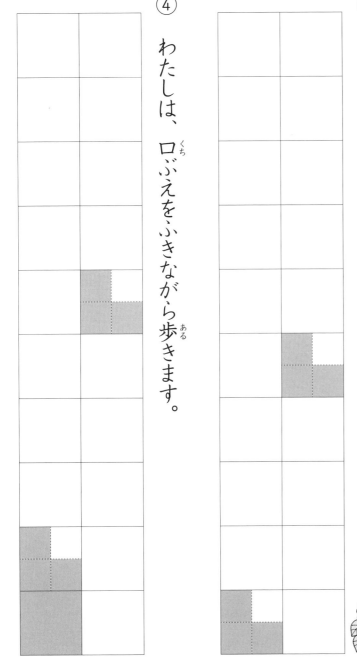

丸《まる》（。）、点《てん》（、）、かぎ（「」）(3)

名まえ

・話《はな》した　ことばや　本《ほん》の　だい名《めい》などを　書《か》く　ときは、
行《ぎょう》を　かえて、かぎ（「」）を　つけて　書《か》きましょう。

・話《はな》した　ことばの　おわりの　丸《まる》と　かぎ（。」）は、
おなじ　ますの　中《なか》に　書《か》きましょう。

●　つぎの　文《ぶん》の　ますの　中《なか》に、丸《まる》（。）と　点《てん》（、）と　かぎ（「」）を
書《か》きましょう。

①
きのう、学校《がっこう》で「か
ぐやひめ」を読《よ》んだ。

②
おねえさんが
ありがとう
と言《い》ってくれました

丸《まる》（。）、点《てん》（、）、かぎ（「 」）(4)

名まえ

● つぎの 文《ぶん》の ますの 中《なか》に、丸《まる》（。）と 点《てん》（、）と かぎ（「 」）を 書《か》きましょう。

①

きょう、学《がっ》校《こう》で「かさこ
じぞう」をかりました。
どんなお話《はなし》か
読《よ》むのが
たのしみです

②

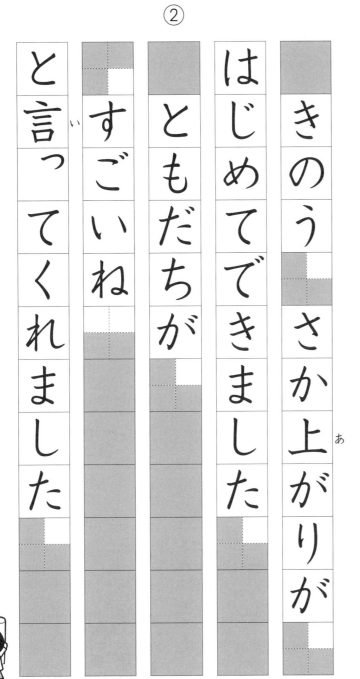

きのう
さか上《あ》がりが
はじめてできました
ともだちが
すごいね
と言《い》ってくれました

なかまの ことばと かん字《じ》 (1)

名まえ

● つぎの なかまの ことばを 書《か》きましょう。

① きせつ

春《はる》

夏《なつ》

秋《あき》

冬《ふゆ》

② 一日《いちにち》

朝《あさ》

昼《ひる》

夜《よる》

③ 方角《ほうがく》

北《きた》

東《ひがし》

西《にし》

南《みなみ》

④ 一日《いちにち》

午前《ごぜん》 → 正午《しょうご》 → 午後《ごご》

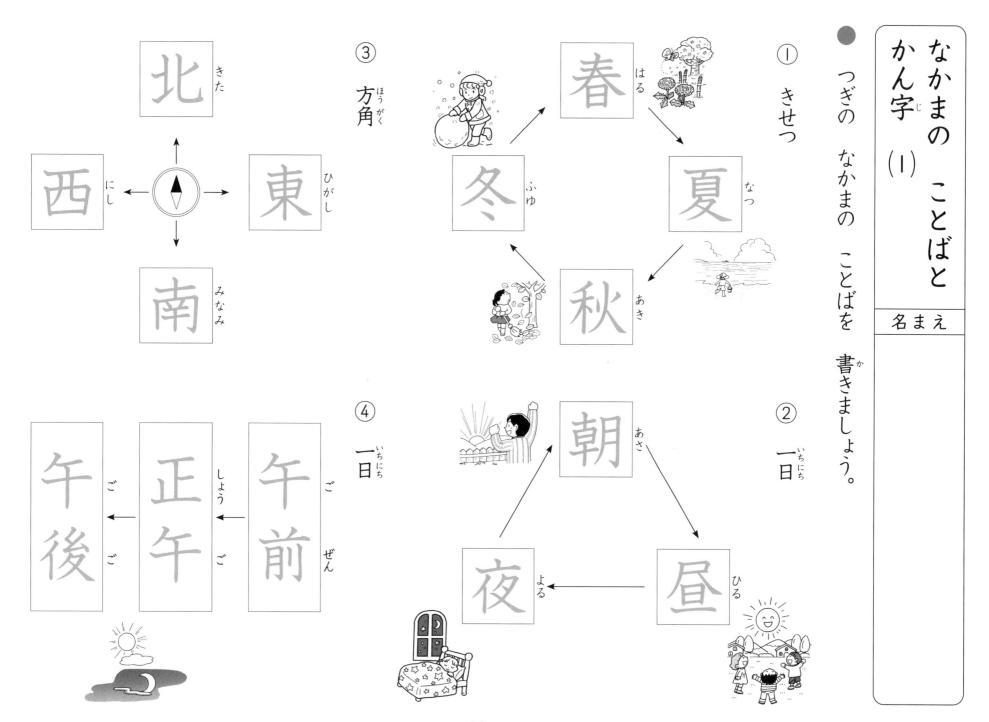

なかまの ことばと かん字《じ》 (2)

名まえ

● つぎの なかまの ことばを 書《か》きましょう。

① 家族《かぞく》

親《おや》 — 子《こ》

父《ちち》

兄《あに》

弟《おとうと》

わたし

母《はは》

姉《あね》

妹《いもうと》

② 色《いろ》

黄《き》

青《あお》

赤《あか》

黒《くろ》

白《しろ》

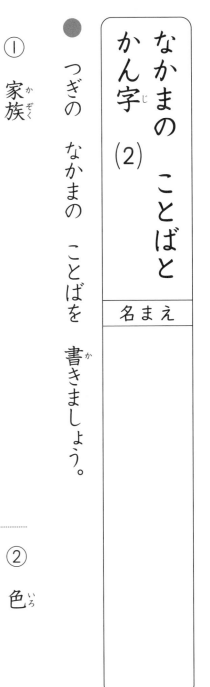

なかまの ことばと かん字《じ》 (3)

名まえ

● つぎの なかまの ことばを 書《か》きましょう。

① 時《とき》

おととい → きのう → 今日《きょう》 → あした → あさって

② 一週間《いっしゅうかん》

日《にち》 → 月《げつ》 → 火《か》 → 水《すい》 → 木《もく》 → 金《きん》 → 土《ど》

③ 教科《きょうか》

国《こく》語《ご》　算《さん》数《すう》　せいかつ　ずこう　音《おん》楽《がく》　体《たい》いく

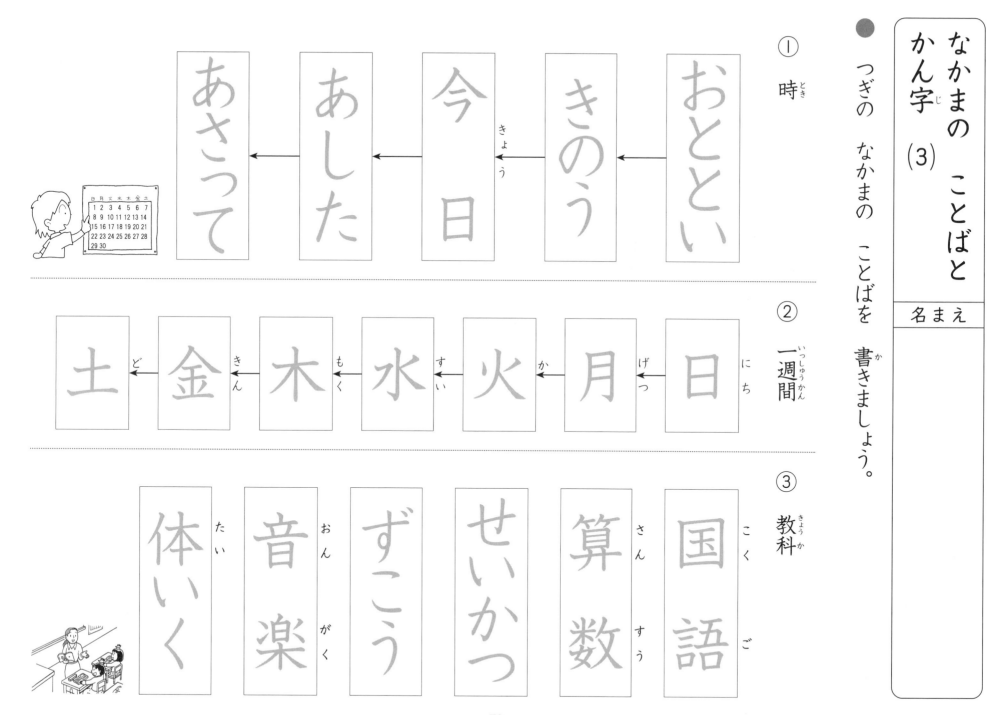

なかまの ことばと かん字《じ》 (4)

名まえ

● つぎの なかまの ことばを □ に 書《か》きましょう。

① きせつ

春

② 一日《いちにち》

③ 一週間《いっしゅうかん》

日

水

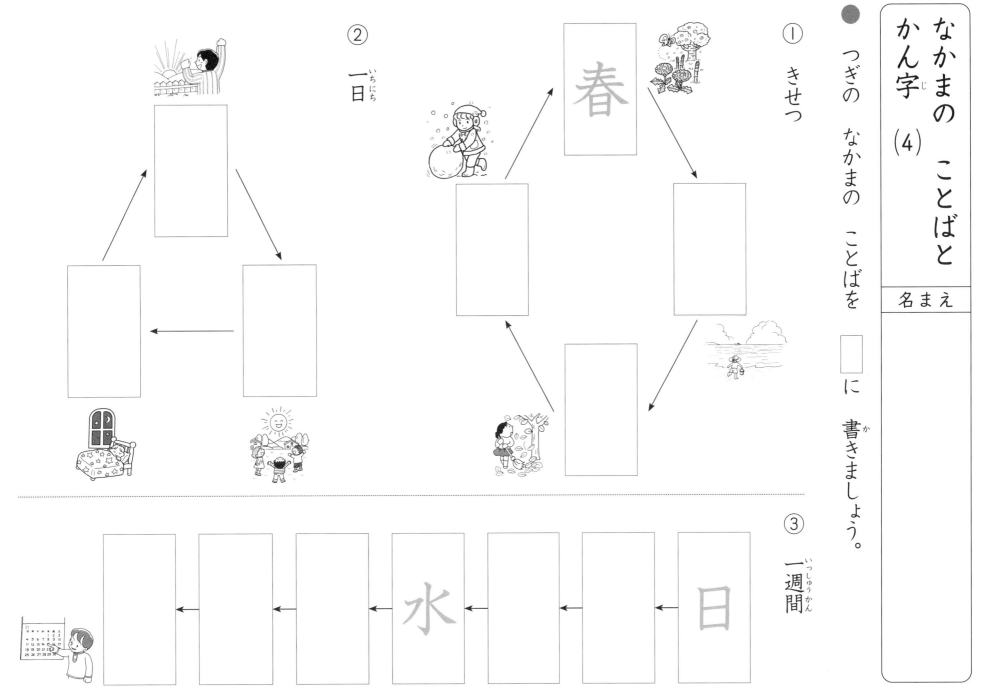

うごきを あらわす ことば (1)

名まえ

● つぎの 絵《え》の うごきを あらわす ことばを 書《か》きましょう。

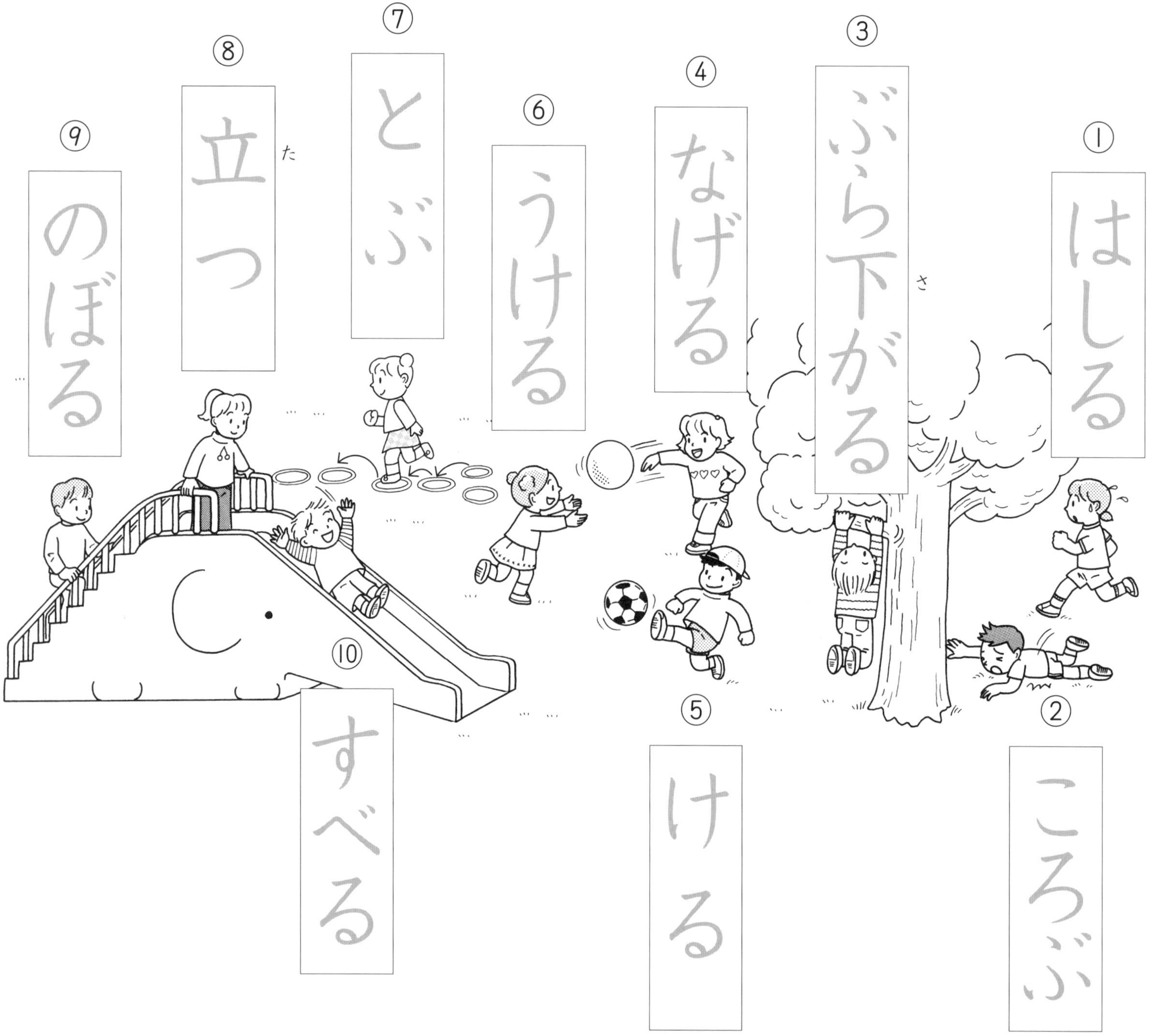

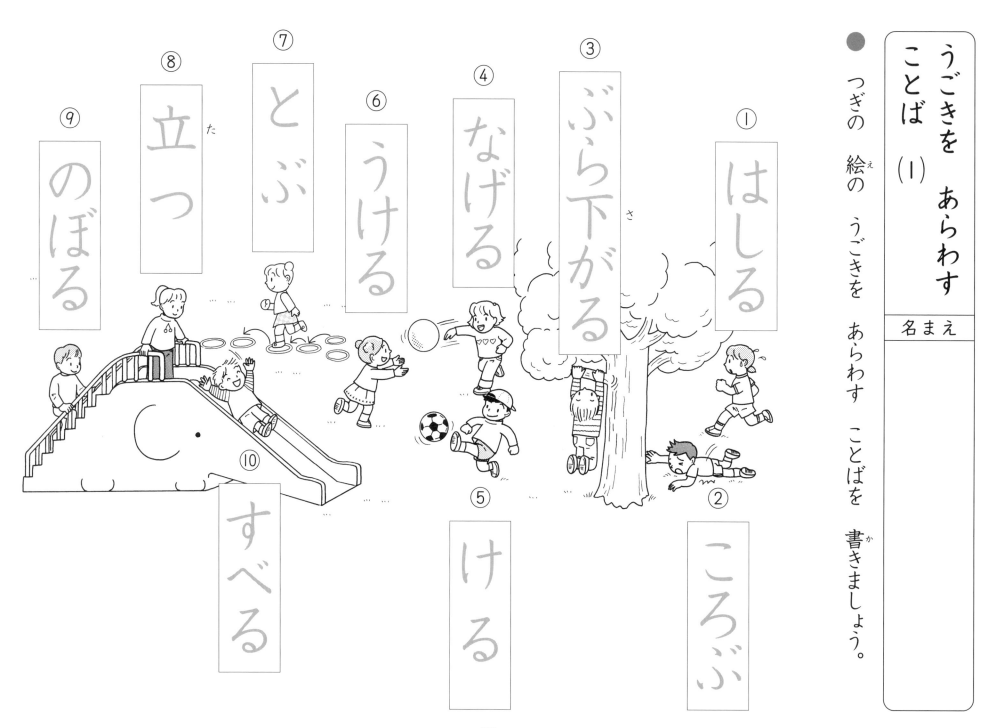

うごきを あらわす ことば (2)

名まえ

● つぎの 絵《え》の うごきを あらわす ことばを 下《した》の □ から えらんで □ の 中《なか》に 書《か》きましょう。

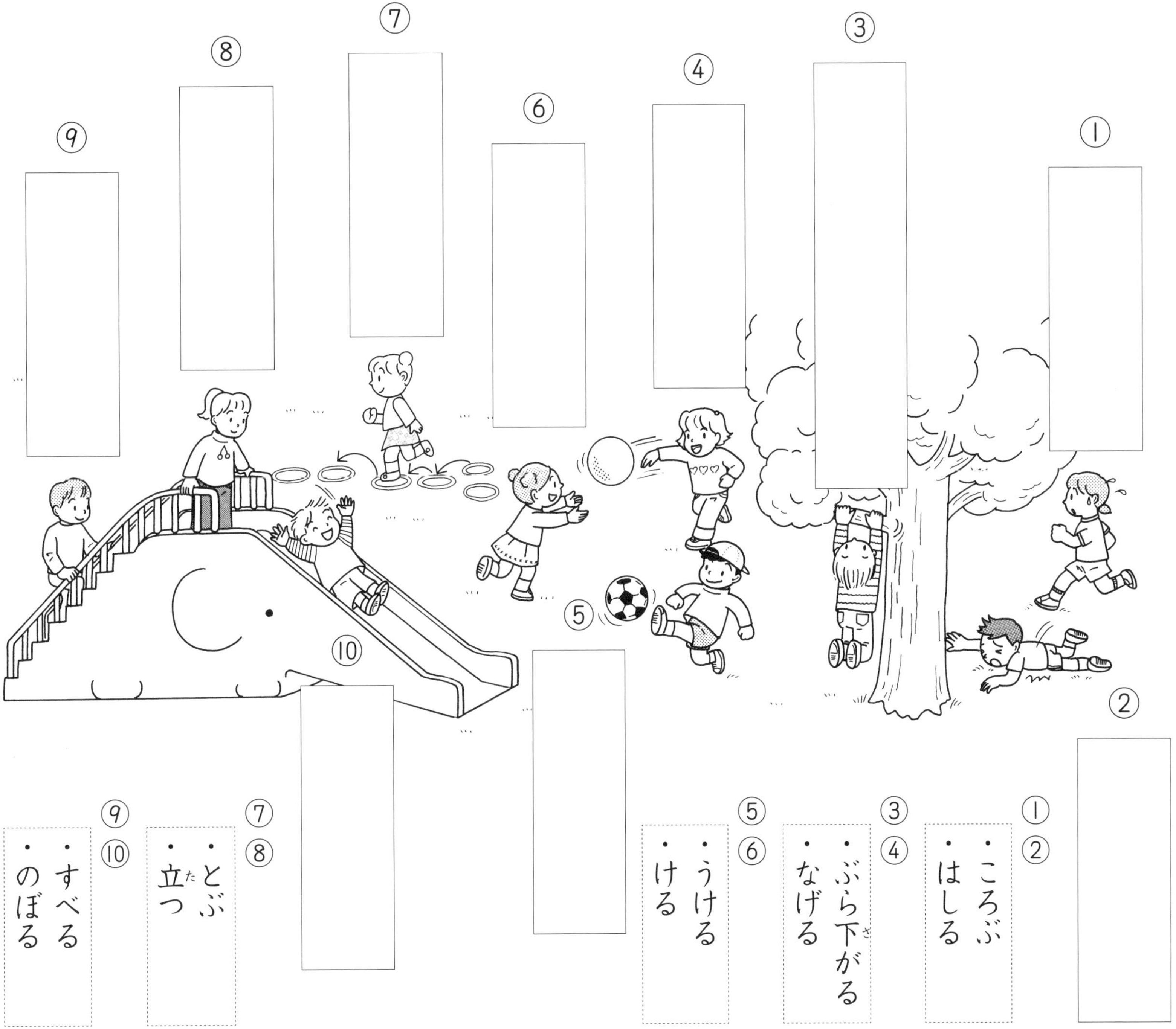

①②
・ころぶ
・はしる

③④
・ぶら下《さ》がる
・なげる

⑤⑥
・うける
・ける

⑦⑧
・とぶ
・立《た》つ

⑨⑩
・すべる
・のぼる

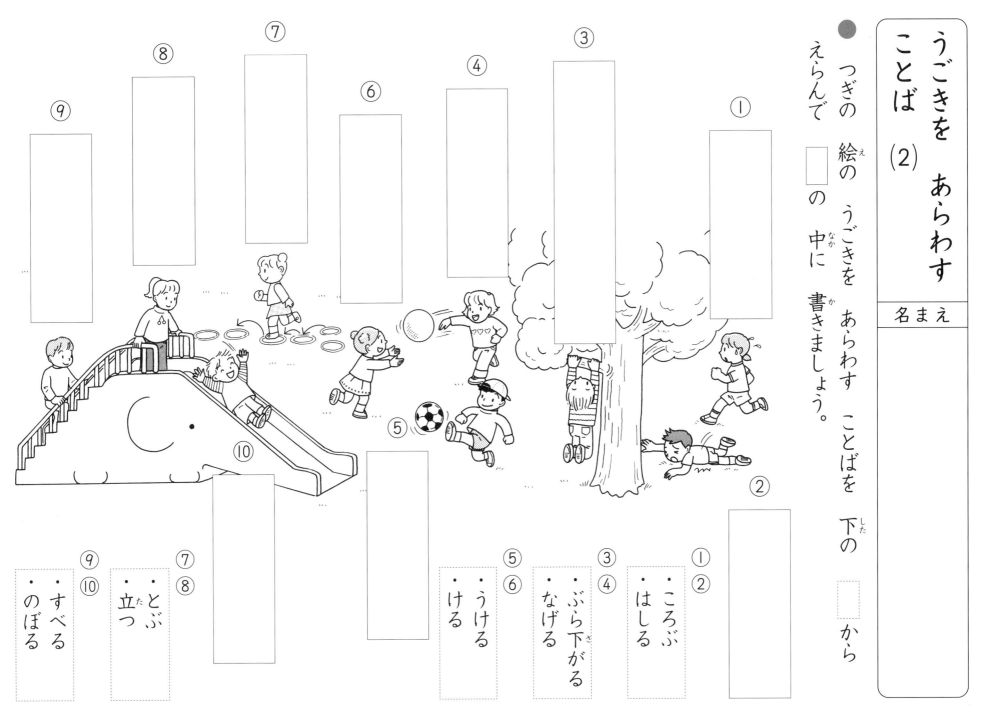

うごきを　あらわす　ことば　(3)

名まえ

●つぎの　絵《え》の　うごきを　あらわす　ことばを　書《か》きましょう。

①　読《よ》む

②　ならべる

③　書《か》く

④　切《き》る

⑤　おる

⑥　こねる

⑦　ぬる

⑧　もぐる

⑨　はる

⑩　ちぎる

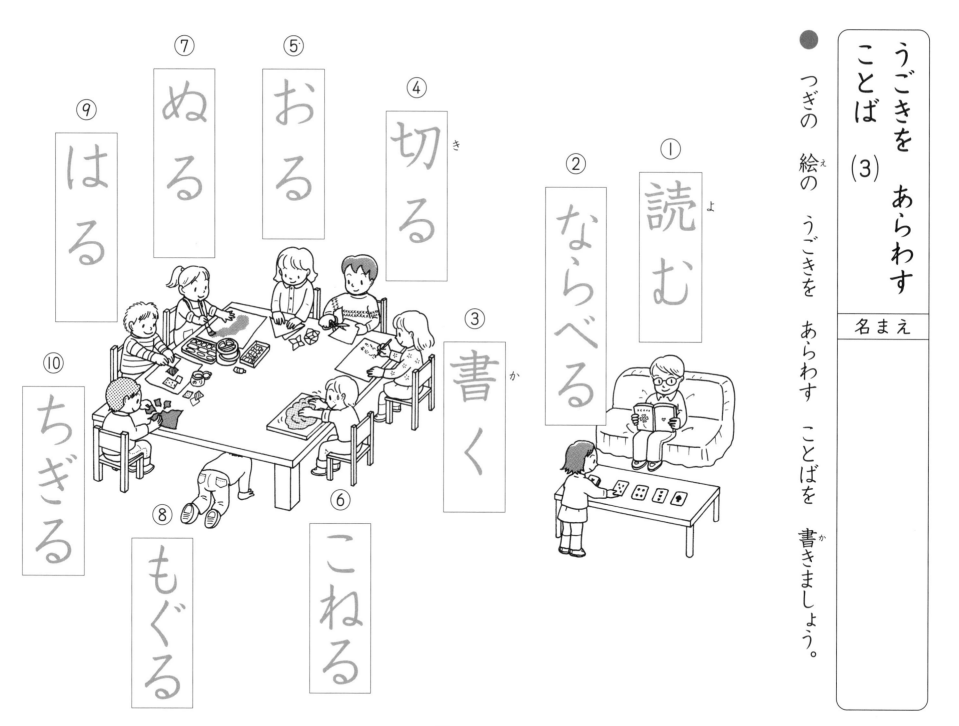

うごきを あらわす ことば (4)

名まえ

● つぎの 絵《え》の うごきを あらわす ことばを 下《した》の □ から えらんで □ の 中《なか》に 書《か》きましょう。

①② ・読《よ》む ・ならべる

③④ ・切《き》る ・書《か》く

⑤⑥ ・こねる ・おる

⑦⑧ ・ぬる ・もぐる

⑨⑩ ・ちぎる ・はる

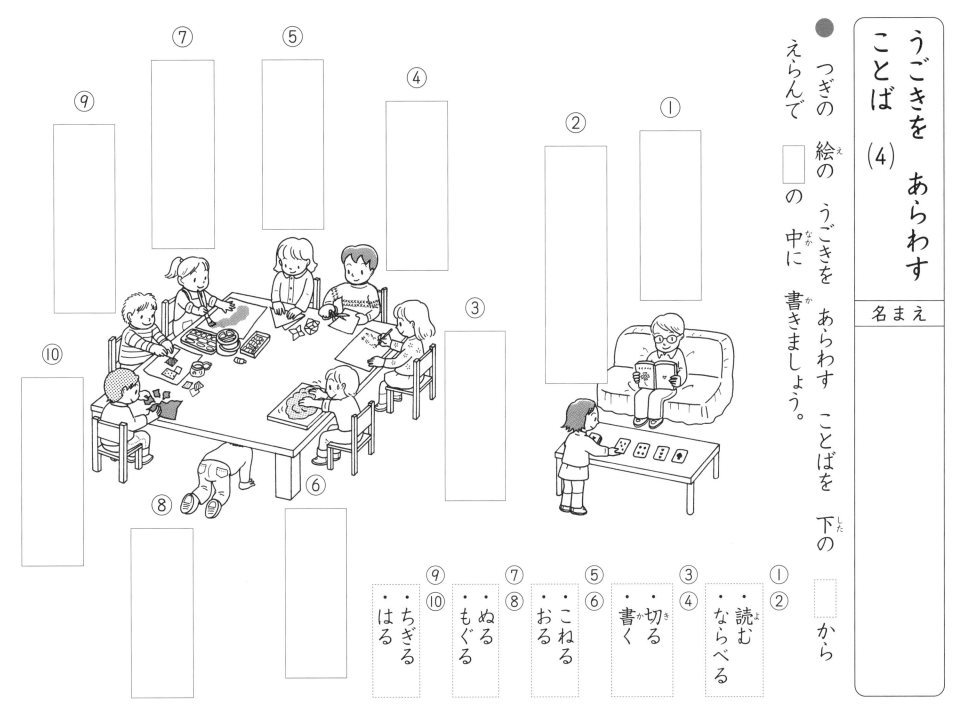

うごきを　あらわす　ことば　(5)

名まえ

● つぎの　絵《え》の　うごきを　あらわす　ことばを　書《か》きましょう。

① かざる

② のぼる

③ さく

④ なく

⑤ あおぐ

⑥ はこぶ

⑦ すわる

⑧ たべる

⑨ とる

⑩ かく

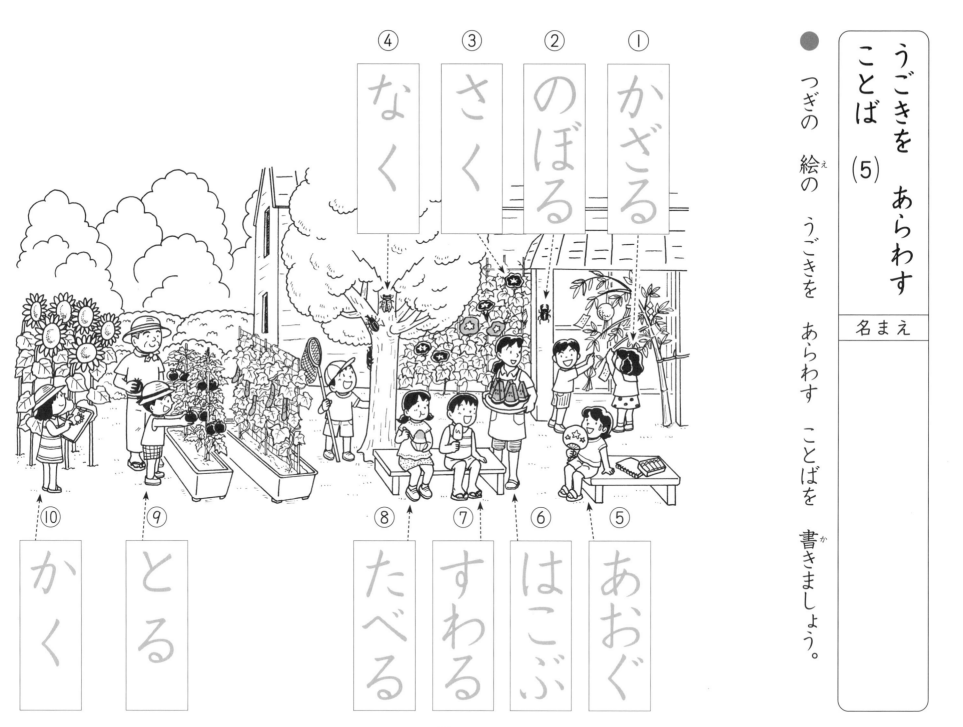

うごきを　あらわす　ことば　(6)

名まえ

● つぎの　絵《え》の　うごきを　あらわす　ことばを　下《した》の　□　から　えらんで　□　の　中《なか》に　書《か》きましょう。

①　②　③　④　⑨　⑩

⑤　⑥　⑦ すわる　⑧

①②
・のぼる
・かざる

③④
・なく
・さく

⑤⑥⑦
・すわる
・はこぶ
・あおぐ

⑧⑨⑩
・とる
・たべる
・かく

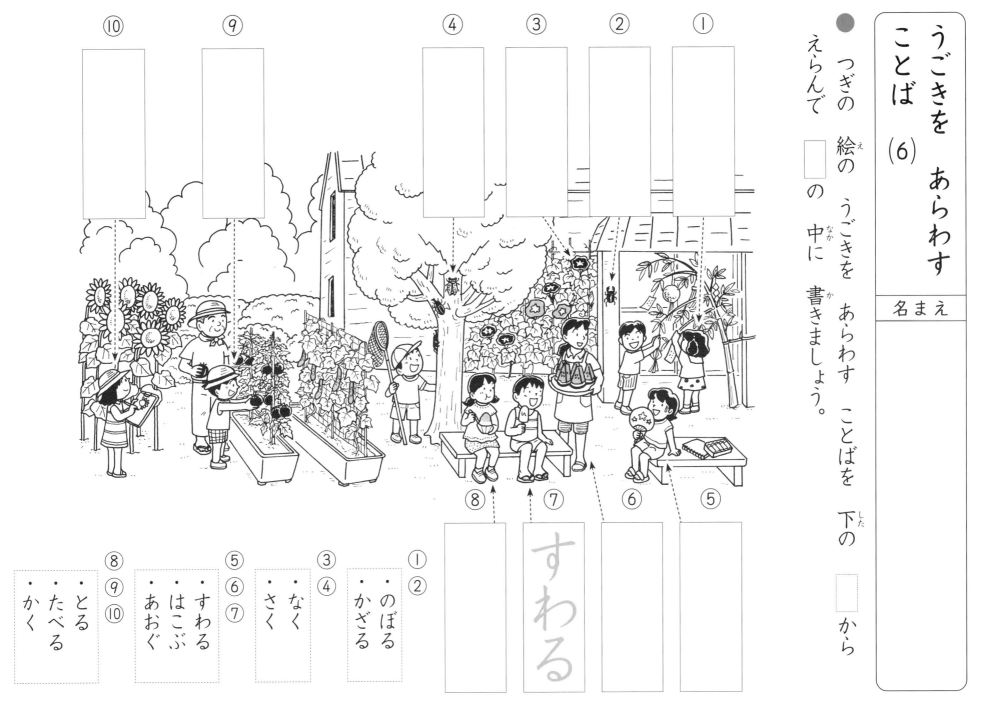

うごきを あらわす ことば (7)

名まえ

● つぎの 文《ぶん》に あう うごきことばを □ から えらんで 書《か》きましょう。

① はさみで かみを 切《き》る。

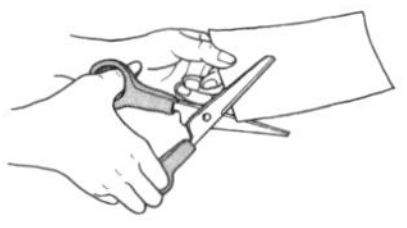

② 友《とも》だちと ボ《ぼ》ー《ー》ル《る》で ＿＿＿＿。

・切《き》る　・あそぶ

③ しっかりと はを ＿＿＿＿。

④ 犬《いぬ》が ワ《わ》ン《ん》ワ《わ》ン《ん》と ＿＿＿＿。

・ほえる　・みがく

⑤ 山《やま》で おにぎりを ＿＿＿＿。

⑥ さるが 木《き》から ＿＿＿＿。

・おちる　・たべる

うごきを あらわす ことば (8)

名まえ

● つぎの 文《ぶん》に あう うごきことばを □ から えらんで 書《か》きましょう。

① おばあちゃんに 手《て》がみを 書《か》く 。

② 鳥《とり》が 空《そら》を □ 。

・とぶ　・書《か》く

③ 朝《あさ》早《はや》く 学校《がっこう》へ □ 。

④ トラック《とらっく》が にもつを □ 。

・行《い》く　・はこぶ

⑤ ひまわりの 花《はな》が □ 。

⑥ 先生《せんせい》が 名前《なまえ》を □ 。

・よぶ　・さく

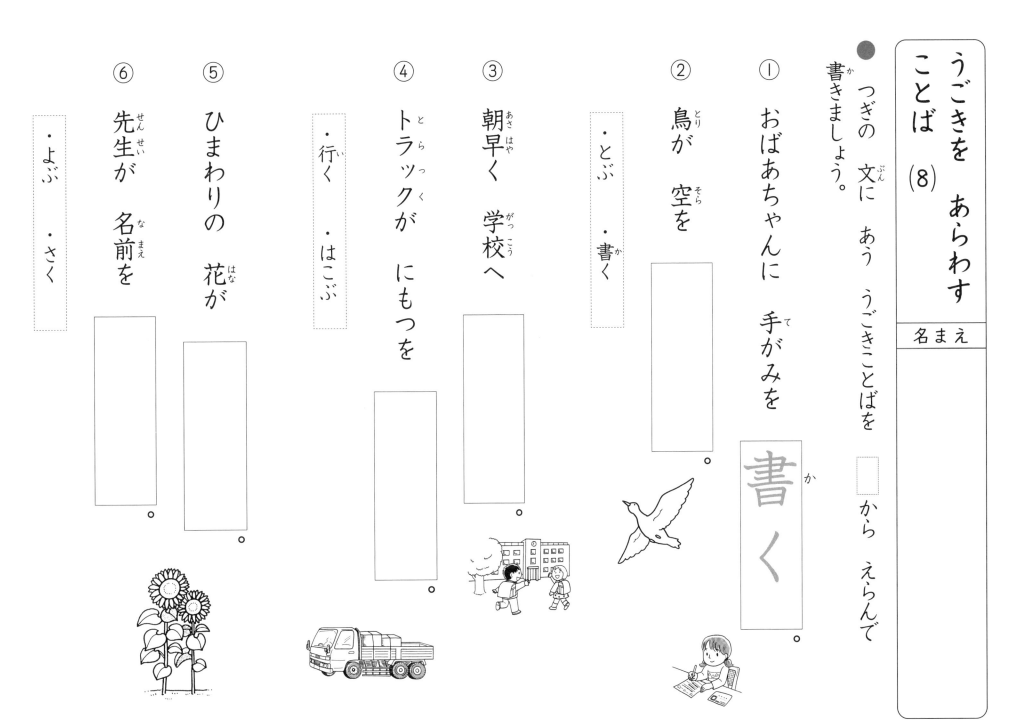

うごきを あらわす ことば (9)

名まえ

● つぎの 文《ぶん》に あう うごきことばを □ から えらんで 書《か》きましょう。

① 朝《あさ》 おきて 顔《かお》を □。

② えんぴつの しんが □。

③ お母《かあ》さんと ハンバーグを □。

・おれる　・あらう　・つくる

④ つよい 風《かぜ》が □。

⑤ 楽《たの》しい 音楽《おんがく》を □。

⑥ ドアを トントンと □。

・たたく　・ふく　・聞《き》く

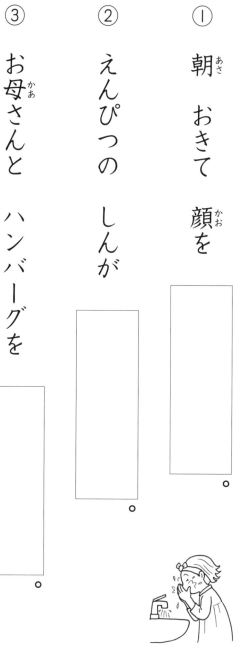

うごきを　あらわす　ことば ⑽

名まえ

● つぎの　文《ぶん》に　あう　うごきことばを　□　から　えらんで　書《か》きましょう。

① 金魚《きんぎょ》を　□。

② きれいな　海《うみ》で　□。

③ 公園《こうえん》までの　みちを　□。

・教《おし》える　・およぐ　・すくう

④ 子犬《こいぬ》が　□。

⑤ はりに　糸《いと》を　□。

⑥ かん字《じ》の　読《よ》み方《かた》を　□。

・生《う》まれる　・しらべる　・通《とお》す

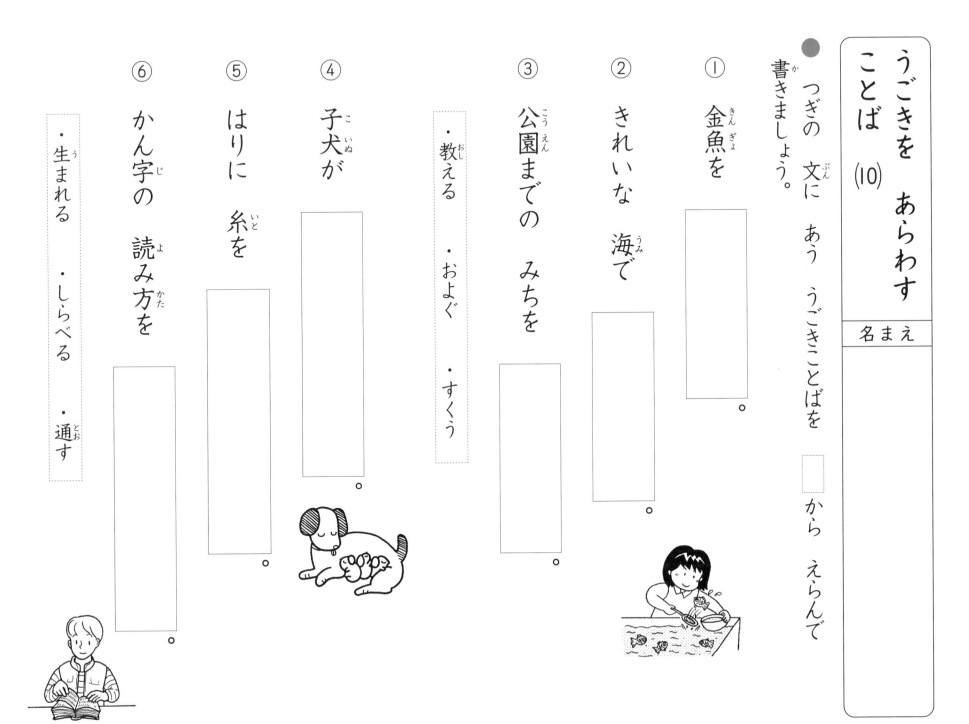

かん字《じ》の　書《か》き方《かた》

（画《かく》と　ひつじゅん）（1）

名まえ

かん字《じ》の　書《か》き方《かた》には、きまった　じゅんじょが　あります。
この　じゅんじょを　ひつじゅんと　いいます。

（令和二年度版　東京書籍　新しい国語　二上「かん字の　書き方」による）

● ひつじゅんに　気《き》を　つけて　書《か》きましょう。

①

みぎ

右

右

②

ひだり

左

左

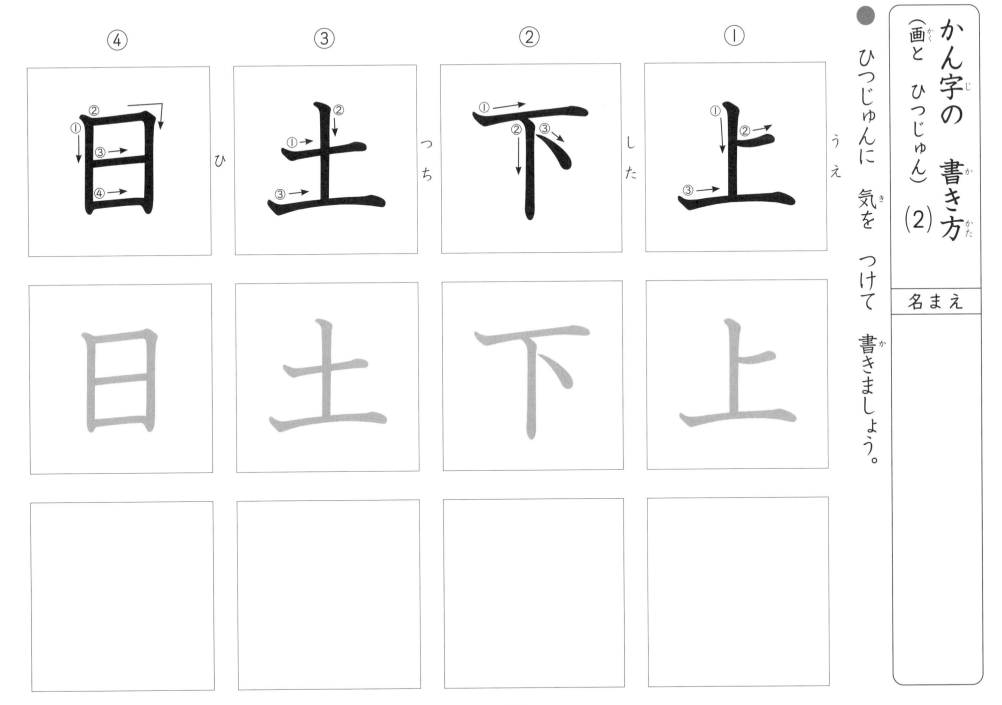

かん字《じ》の 書《か》き方《かた》

（画《かく》と ひつじゅん）（2）

名まえ

● ひつじゅんに 気《き》を つけて 書《か》きましょう。

① 上《うえ》

② 下《した》

③ 土《つち》

④ 日《ひ》

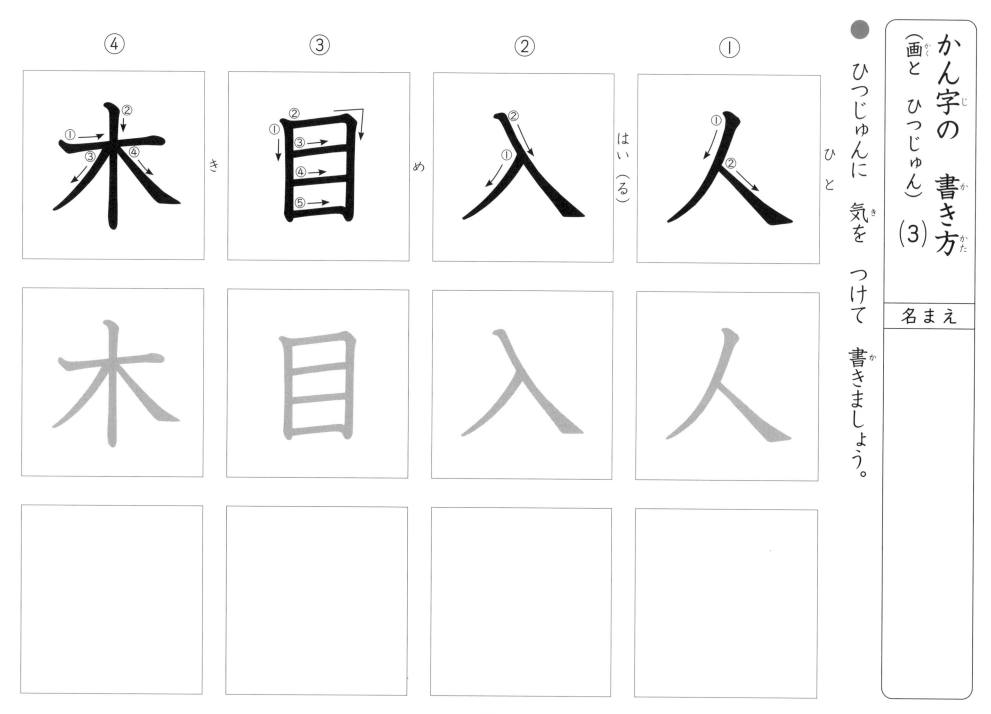

かん字《じ》の 書《か》き方《かた》
(画《かく》と ひつじゅん) (3)

名まえ

● ひつじゅんに 気《き》を つけて 書《か》きましょう。

① 人 ひと

② 入 はい(る)

③ 目 め

④ 木 き

かん字《じ》の 書《か》き方《かた》（画《かく》と ひつじゅん）(4)

名まえ

● ひつじゅんに 気《き》を つけて 書《か》きましょう。

① 女《おんな》

② 学《まな（ぶ）》

③ 年《とし》

④ 車《くるま》

かん字《じ》の 書《か》き方《かた》 （画《かく》と ひつじゅん） (5)

名まえ

● つぎの かん字《じ》は、それぞれ 何画《なんかく》で 書《か》きますか。かん字《じ》を なぞって、下《した》の ○に かん字《じ》の 数字《すうじ》で 書《か》きましょう。

① 人《ひと》
② 女《おんな》
③ 木《き》
④ 右《みぎ》
⑤ 糸《いと》

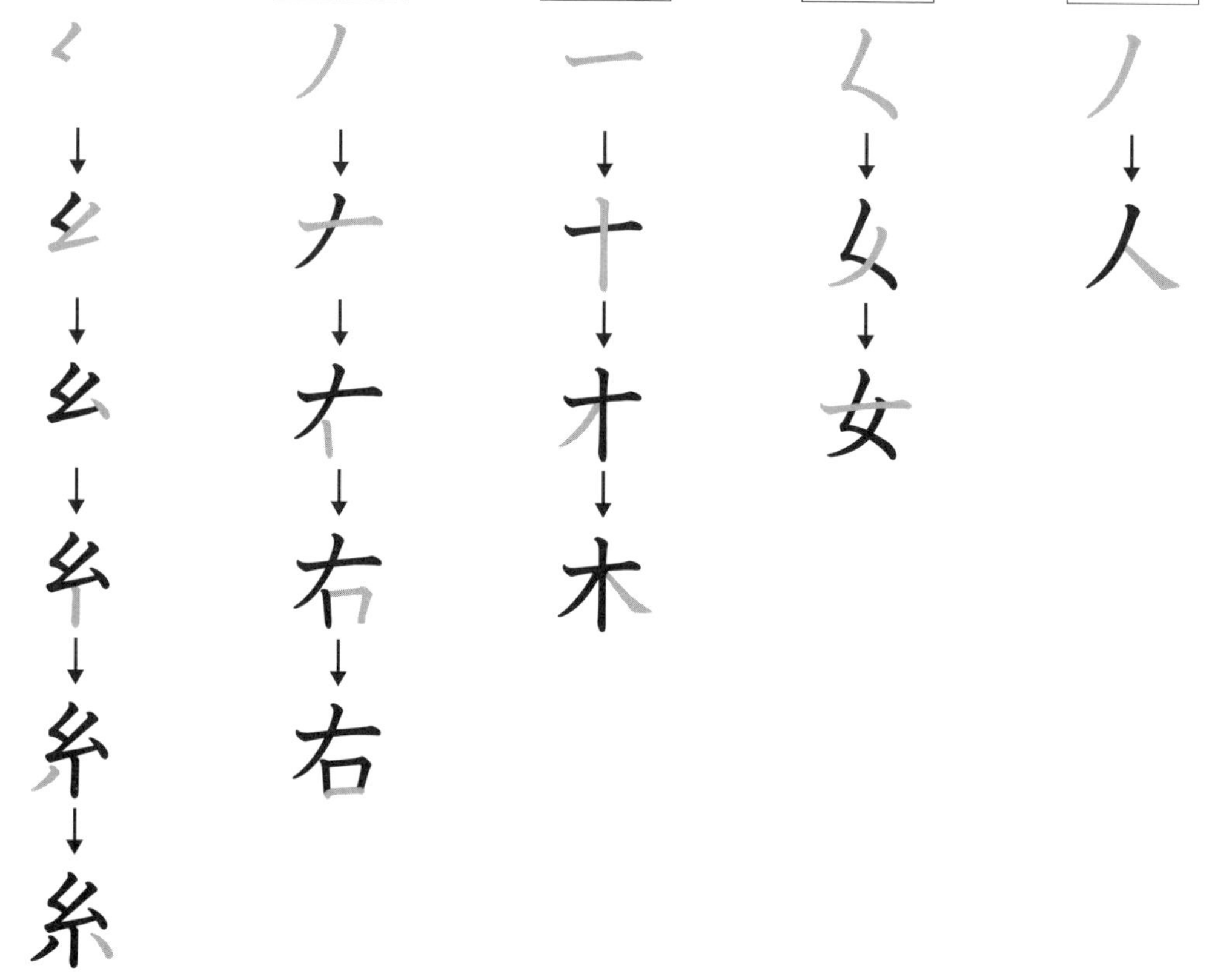

① 人 （二）画《かく》
② 女 （　）画《かく》
③ 木 （　）画《かく》
④ 右 （　）画《かく》
⑤ 糸 （　）画《かく》

かん字《じ》を つくって いる 点《てん》や、いちどに 書《か》く 線《せん》を 画《かく》と いうよ。また、画《かく》の 数《かず》を 画数《かくすう》と いうよ。

かん字《じ》の 数字《すうじ》（一《いち》、二《に》、三《さん》、四《し》、五《ご》、六《ろく》、七《しち》、八《はち》、九《きゅう》、十《じゅう》）

かん字《じ》の　書《か》き方《かた》
（画《かく》と　ひつじゅん）⑹

名まえ

● つぎの　かん字《じ》は、それぞれ　何画《なんかく》で　書《か》きますか。かん字《じ》を
なぞって、下《した》の　◯に　かん字《じ》の　数字《すうじ》で　書《か》きましょう。

① 上《うえ》
丨 ↓ ト ↓ 上
上　◯画《かく》

② 左《ひだり》
一 ↓ … ↓ 左
左　◯画《かく》

③ 年《とし》
ノ ↓ … ↓ 年
年　◯画《かく》

④ 日《ひ》
丨 ↓ … ↓ 日
日　◯画《かく》

⑤ 目《め》
丨 ↓ … ↓ 目
目　◯画《かく》

⑥ 車《くるま》
一 ↓ … ↓ 車
車　◯画《かく》

かん字《じ》の　書《か》き方《かた》
（画《かく》と　ひつじゅん）(7)

名まえ

● 一画目《いっかくめ》は　どこですか。一画目《いっかくめ》を　なぞりましょう。

〈れい〉 入　はい（る）

① 人　ひと

② 木　き

③ 車　くるま

④ 学　まな（ぶ）

⑤ 耳　みみ

⑥ 右　みぎ

⑦ 左　ひだり

⑧ 上　うえ

⑨ 金　かね

⑩ 女　おんな

⑪ 足　あし

こんな ことを して いるよ (1)

名まえ

(1) つぎの 文《ぶん》しょうを 「はじめ」「中《なか》」「おわり」に 気《き》を つけて 読《よ》みましょう。

> わたしは、家《いえ》でおさらあらいをします。
> おさらあらいをするときには、まず、水《みず》でおさらのよごれをながします。そして、スポンジにせんざいをつけて、おさらをみがきます。さいごに、水《みず》であわをながします。
> きれいなおさらになると、とてもうれしくなります。

(2) 「はじめ」「中《なか》」「おわり」の せつめいに あう 文《ぶん》を ——線《せん》で むすびましょう。

① はじめ ・　　・ した ことや、思《おも》ったり、かんじた こと。

② 中《なか》 ・　　・ おわった ときの 気《き》もち。

③ おわり ・　　・ これから 話《はな》す こと。

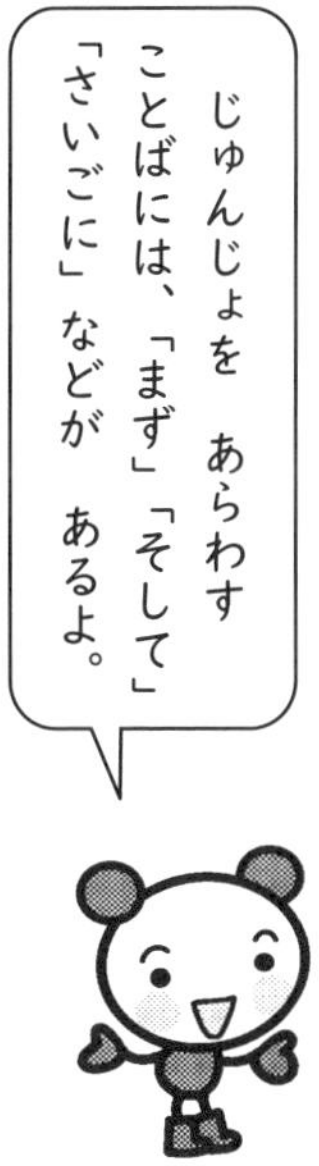
じゅんじょを あらわす ことばには、「まず」「そして」「さいごに」 などが あるよ。

こんな ことを して いるよ (2)

名まえ

● つぎの 「はじめ」「中《なか》」「おわり」の 文《ぶん》しょうを 読《よ》みましょう。 読《よ》みおわったら、文《ぶん》しょうを 書《か》きましょう。

はじめ

　わたしは、家でおさらあらいをします。

中《なか》

　おさらあらいをするときは、まず、水でおさらのよごれをながします。そして、スポンジにせんざいをつけて、おさらをみがきます。さいごに、水であわをながします。

おわり

　きれいなおさらになると、とてもうれしくなります。

こんな ことを して いるよ (3)

名まえ

● 「はじめ」「中《なか》」「おわり」に 気《き》を つけて 98ページの 文《ぶん》しょうを うつしましょう。

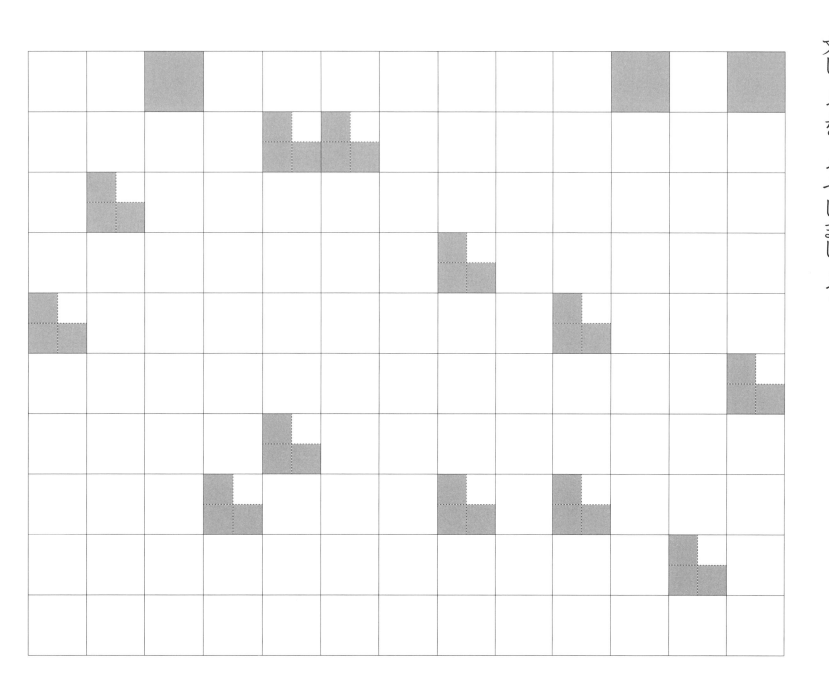

こんな　ことを　して　いるよ　(4)

名まえ

●「はじめ」「中《なか》」「おわり」に　気《き》を　つけて、じゆうに　文《ぶん》しょうを　書《か》きましょう。

二《ふた》つの かん字《じ》で できて いる ことば (1)

名まえ

● 二《ふた》つの かん字《じ》で できて いる ことばと いみを 書《か》きましょう。

① 青《あお》空《ぞら》 → 青《あお》い空《そら》

② 白《はく》線《せん》 → 白《しろ》い線《せん》

③ 海《かい》水《すい》 → 海《うみ》の水《みず》

④ 小《お》川《がわ》 → 小《ちい》さな川《かわ》

⑤ 高《こう》音《おん》 → 高《たか》い音《おと》

⑥ 休《きゅう》日《じつ》 → 休《やす》みの日《ひ》

⑦ 大《たい》木《ぼく》 → 大《おお》きな木《き》

二《ふた》つの　かん字《じ》で　できて　いる　ことば　(2)

名まえ

● 二《ふた》つの　かん字《じ》で　できて　いる　ことばの　いみを　書《か》きましょう。

① 青《あお》空《ぞら》 →

② 白《はく》線《せん》 →

③ 海《かい》水《すい》 →

④ 小《お》川《がわ》 →

⑤ 高《こう》音《おん》 →

⑥ 休《きゅう》日《じつ》 →

⑦ 大《たい》木《ぼく》 →

二《ふた》つの　かん字《じ》で　できて　いる　ことば　(3)

名まえ

● 二《ふた》つの　かん字《じ》で　できて　いる　ことばと　いみを　書《か》きましょう。

① 子《こ》牛《うし》 → 子《こ》どもの牛《うし》

② 夏《なつ》空《ぞら》 → 夏《なつ》の空《そら》

③ 月《げっ》光《こう》 → 月《つき》の光《ひかり》

④ 小《こ》石《いし》 → 小《ちい》さい石《いし》

⑤ 同《どう》点《てん》 → 同《おな》じ点《てん》数《すう》

⑥ 太《ふと》字《じ》 → 太《ふと》い字《じ》

⑦ 右《みぎ》手《て》 → 右《みぎ》の手《て》

二《ふた》つの　かん字《じ》で　できて　いる　ことば　(4)

名まえ

● 二《ふた》つの　かん字《じ》で　できて　いる　ことばの　いみを　書《か》きましょう。

① 子《こ》牛《うし》→

② 夏《なつ》空《ぞら》→

③ 月《げっ》光《こう》→

④ 小《こ》石《いし》→

⑤ 同《どう》点《てん》→

⑥ 太《ふと》字《じ》→

⑦ 右《みぎ》手《て》→

二《ふた》つの　かん字《じ》で　できて　いる　ことば　(5)

名まえ

● つぎの　ことばの　読《よ》みを（　）に、いみを □ に　書《か》きましょう。

① 小石（こいし）［小さい石］

② 高音（　）［　］

③ 右手（　）［　］

④ 白線（　）［　］

⑤ 休日（　）［　］

⑥ 夏空（　）［　］

⑦ 小川（　）［　］

二《ふた》つの　かん字《じ》で　できて　いる　ことば　(6)

名まえ

● つぎの　ことばの　読《よ》みを　（　）に、いみを　□に　書《か》きましょう。

① 同点（どうてん）　同じ点数

② 子牛（　　）

③ 大木（　　）

④ 太字（　　）

⑤ 海水（　　）

⑥ 青空（　　）

⑦ 月光（　　）

解答例

本書の解答は，あくまでもひとつの例です。児童に取り組ませる前に，必ず指導される方が問題を解いてください。指導される方の作られた解答をもとに，児童の多様な考えに寄り添って○つけをお願いします。

4頁

たんぽぽ

名まえ

つぎの 文《ぶん》しょうを 二回《にかい》 読《よ》んで、答《こた》えましょう。

たんぽぽ

「たんぽぽさんって、
㋐まぶしいのね。
ひまわりさんの 子《こ》で、
お日《ひ》さまの
まごだから。」
と、ちょうちょうが
きいた。
㋑たんぽぽは、
うふんと
わらった。

※まご…その 人《ひと》の 子どもが 生《う》んだ 子《こ》ども。ここでは、お日《ひ》さまの 子《こ》どもの こと。

（令和二年度版 光村図書 こくご二上 たんぽぽ まど・みちお）

(1) たんぽぽが ㋐まぶしいのは、なぜですか。

たんぽぽが、**ひまわり**さんの 子《こ》で、**お日さま**の **まご**だから。

(2) ちょうちょうの ことばを きいた ㋑たんぽぽは、どう しましたか。

うふんと わらった。

5頁

ふきのとう (1)

名まえ

つぎの あらすじと 文《ぶん》しょうを 二回《にかい》 読《よ》んで、答《こた》えましょう。

竹《たけ》やぶの そばの ふきのとうが、雪《ゆき》の 下《した》に あたまを 出《だ》して、雪《ゆき》を どけようと ふんばって います。その 雪《ゆき》も、「早《はや》く とけて とおくへ いきたいけれど、お日《ひ》さまが あたらない。」と ざんねんそうです。竹《たけ》やぶの かげに なって、竹《たけ》やぶも、「ゆれて おどりたいけれど、はるかぜが こないと、おどれない。」と ざんねんそうです。

1

空《そら》の 上《うえ》で、お日《ひ》さまが
わらいました。
「おや、はるかぜが
ねぼうして いるな。
竹《たけ》やぶも 雪《ゆき》も
ふきのとうも、
㋐みんな こまって
いるな。」

2

そこで、南《みなみ》を むいて
言《い》いました。
㋐「おうい、はるかぜ。
おきなさい。」

1 (1) ねぼうして いるのは、だれですか。

はるかぜ

(2) ㋐みんなとは、だれですか。三《みっ》つに ○を つけましょう。

（　）空《そら》 （　）お日《ひ》さま
（　）はるかぜ （○）竹《たけ》やぶ
（○）雪《ゆき》 （○）ふきのとう

2 (1) ㋐は だれが 言った ことばですか。

お日さま

6頁

ふきのとう (2)

名まえ

つぎの 文《ぶん》しょうを 二回《にかい》 読《よ》んで、答《こた》えましょう。

1

お日《ひ》さまに おこされて、
はるかぜは、
大《おお》きな あくび。
それから、せのびして
言《い》いました。

2

「や、お日《ひ》さま。
や、みんな。
㋐おまちどお。」
はるかぜは、
むね いっぱいに
㋑いきを すい、
ふうっと いきを
はきました。

（令和二年度版 光村図書 こくご二上 たんぽぽ くどう なおこ）

1 (1) はるかぜを おこしたのは、だれですか。

お日さま

(2) はるかぜが した ことは、なんですか。

・大《おお》きな **あくび**。
・それから、**せのび**。

2 (1) ㋐おまちどおと 言ったのは、だれですか。

はるかぜ

(2) はるかぜは、㋑いきを すい、どう しましたか。

ふうっと **いき**を はきました。

7頁

ふきのとう (3)

名まえ

つぎの 文《ぶん》しょうを 二回《にかい》 読《よ》んで、答《こた》えましょう。

はるかぜに ふかれて、
竹《たけ》やぶが、ゆれる ゆれる、
おどる。
雪《ゆき》が、とける とける、
水《みず》に なる。
ふきのとうが、㋐ふんばる、
せが のびる。

（令和二年度版 光村図書 こくご二上 たんぽぽ くどう なおこ）

(1) はるかぜに ふかれて、①〜③の ように なったのは、だれですか。

① ゆれる ゆれる、おどる。 **竹やぶ**

② とける とける、水《みず》に なる。 **雪**

③ ふんばる、せが のびる。 **ふきのとう**

(2) ㋐ふんばるとは、どういう いみですか。○を つけましょう。

（○）ふきのとうが 力《ちから》を 入《い》れて 出《で》ようと する こと。
（　）ふきのとうが じめんに もぐる こと。

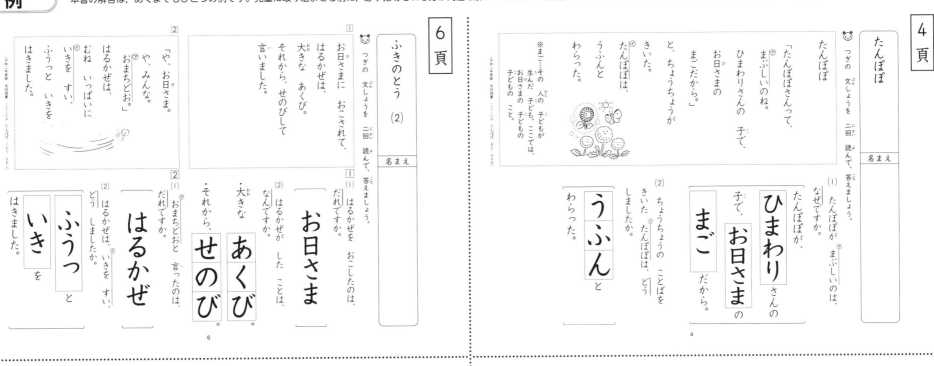

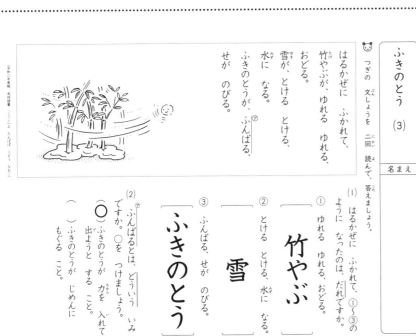

8頁

ふきのとう　(4)

つぎの　文《ぶん》しょうを　二回《にかい》　読《よ》んで、答《こた》えましょう。

名まえ

ふかれて、
ゆれて、
とけて、
㋐ふんばって、
――もっこり。
ふきのとうが、かおを
出《だ》しました。
㋑「こんにちは。」
㋒もう、
すっかり　はるです。

（令和二年度版　光村図書　こくご二上　たんぽぽ　くどう　なおこ）

(1) ふきのとうは、㋐ふんばって、どのように　かおを　出《だ》しましたか。

もっこり

(2) ㋑こんにちはと　言《い》ったのは　だれですか。

ふきのとう

(3) ㋒もう、きせつは　いつですか。

はる

9頁

たんぽぽの　ちえ　(1)

つぎの　文《ぶん》しょうを　二回《にかい》　読《よ》んで、答《こた》えましょう。

名まえ

1

春《はる》に　なると、
たんぽぽの
黄色《きいろ》い　きれいな
花《はな》が　さきます。

2

二《に》、三日《さんにち》　たつと、
㋐その　花《はな》は　㋑しぼんで、
だんだん　黒《くろ》っぽい
色《いろ》に　かわって　いきます。

（令和二年度版　光村図書　こくご二上　たんぽぽ　うえむら　としお）

1

(1) たんぽぽの　花《はな》は、いつに　なると、さきますか。

春

(2) たんぽぽの　花《はな》は　なに色《いろ》ですか。○を　つけましょう。

（　）白色《しろいろ》
（○）黄色《きいろ》

2

(1) ㋐その　花《はな》とは　なんの　花《はな》ですか。

たんぽぽ

(2) 花《はな》は　㋑しぼんで、どう　なりますか。

だんだん　**黒っぽい**
色《いろ》に　かわって　いきます。

10頁

たんぽぽの　ちえ　(2)

つぎの　文《ぶん》しょうを　二回《にかい》　読《よ》んで、答《こた》えましょう。

名まえ

1

そうして、たんぽぽの
㋐花《はな》の　じくは、
ぐったりと　じめんに
たおれて　しまいます。

2

けれども、
たんぽぽは、
㋑かれて
しまったのでは
ありません。

（令和二年度版　光村図書　こくご二上　たんぽぽ　うえむら　としお）

1 たんぽぽの　㋐花《はな》の　じくは、どう　なりますか。

花《はな》の　じくは、**ぐったり**　と
じめんに
たおれて
しまいます。

2 ㋑かれて　しまったのでは　ありませんとは、どういう　いみですか。○を　つけましょう。

（○）たんぽぽは、かれて　いない。
（　）たんぽぽは、かれて　しまった。

11頁

たんぽぽの　ちえ　(3)

つぎの　文《ぶん》しょうを　二回《にかい》　読《よ》んで、答《こた》えましょう。

名まえ

1

花《はな》と　じくを
しずかに　休《やす》ませて、
㋐たねに、たくさんの
えいようを
おくって
いるのです。

2

こうして、たんぽぽは、
㋑たねを　どんどん
太《ふと》らせるのです。

（令和二年度版　光村図書　こくご二上　たんぽぽ　うえむら　としお）

1

(1) なにを　しずかに　休《やす》ませますか。

花　と　**じく**。

(2) ㋐たねに、なにを　おくって　いるのですか。

たくさんの
えいよう。

2

(1) こうして、たんぽぽは、㋑たねを　どう　しますか。

たねを
どんどん
太らせる
のです。

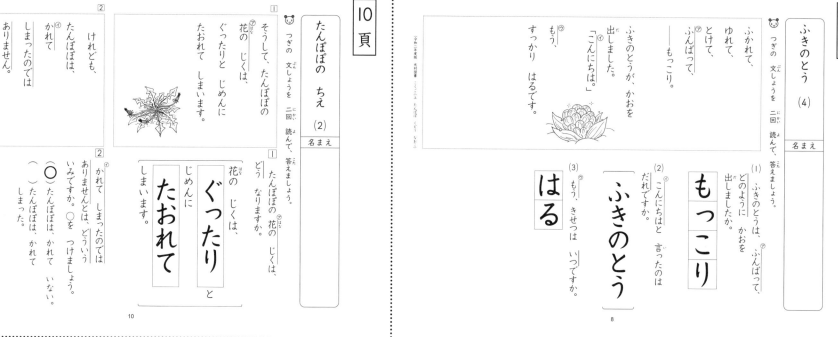

解答例

本書の解答は，あくまでもひとつの例です。児童に取り組ませる前に，必ず指導される方が問題を解いてください。指導される方の作られた解答をもとに，児童の多様な考えに寄り添って○つけをお願いします。

12頁

たんぽぽの　ちえ　(4)

名まえ

つぎの　文《ぶん》しょうを　二回《にかい》　読《よ》んで、答《こた》えましょう。

1

やがて、花《はな》は
すっかり　かれて、
その　あとに、
白《しろ》い　わた毛《げ》が
できて　きます。

1

(1) やがて、花《はな》は　どう　なりますか。○を　つけましょう。

(○) すっかり　かれる。

(　) すっかり　ひらく。

(2) かれた　あとに、なにが　できて　きますか。

（白い）わた毛

2

この　わた毛《げ》の
一《ひと》つ一《ひと》つは、ひろがると、
ちょうど
㋐らっかさんのように
なります。
㋑たんぽぽは、この
わた毛《げ》に　ついて　いる
たねを、ふわふわと
とばすのです。

※らっかさんのような　わた毛《げ》…

（令和二年度版　光村図書　こくご二上　たんぽぽ　うえむら　としお）

2

(1) ひろがると、㋐らっかさんのように　なるのは、なんですか。

わた毛《げ》の　一つ一つ　。

(2) ㋑たんぽぽは、なにを　とばすのですか。

わた毛　に　ついて　いる　たね　。

13頁

たんぽぽの　ちえ　(5)

名まえ

つぎの　文《ぶん》しょうを　二回《にかい》　読《よ》んで、答《こた》えましょう。

1

この　ころに　なると、
それまで　たおれて　いた
㋐花《はな》の　じくが、
また　㋑おき上《あ》がります。

1

(1) たおれて　いた　㋐花《はな》の　じくは、どのように　なりますか。○を　つけましょう。

(　) たおれたままで　います。

(○) また　おき上《あ》がります。

(2) なにが　㋑おき上《あ》がりますか。

花の　じく

2

そうして、せのびを
するように、
ぐんぐん　のびて
いきます。

（令和二年度版　光村図書　こくご二上　たんぽぽ　うえむら　としお）

2

(1) そうして、花《はな》の　じくは、どのように　のびて　いきますか。

せのび　を　するように、

ぐんぐん

のびて　いきます。

14頁

たんぽぽの　ちえ　(6)

名まえ

つぎの　文《ぶん》しょうを　二回《にかい》　読《よ》んで、答《こた》えましょう。

1

なぜ、こんな　ことを
するのでしょう。
それは、㋐せいを　高《たか》く
する　ほうが、
わた毛《げ》に　風《かぜ》が
よく　あたって、
たねを　とおくまで
とばす　ことが
できるからです。

1

㋐せいを　高《たか》く　すると、どんな　ことが　できますか。

わた毛　に　風　が　よく　あたって、たね　を　とおく　まで　とばす　ことが　できます。

2

よく　晴《は》れて、
風《かぜ》の　ある　日《ひ》には、
㋑わた毛《げ》の　らっかさんは、
いっぱいに　ひらいて、
とおくまで
とんで
いきます。

（令和二年度版　光村図書　こくご二上　たんぽぽ　うえむら　としお）

2

㋑わた毛《げ》の　らっかさんは、どんな　日《ひ》に　とおくまで　とんで　いきますか。

よく　晴れて、風の　ある　日。

15頁

たんぽぽの　ちえ　(7)

名まえ

つぎの　文《ぶん》しょうを　二回《にかい》　読《よ》んで、答《こた》えましょう。

1

でも、しめり気《け》の
多《おお》い　日《ひ》や、
雨《あめ》ふりの　日《ひ》には、
わた毛《げ》の　らっかさんは、
すぼんで　しまいます。

※すぼむ…ひらいて　いた　ものが
小《ちい》さく　なる。

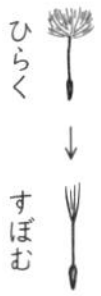

1

わた毛《げ》の　らっかさんが　すぼんで　しまうのは、どんな　日《ひ》ですか。二《ふた》つ　書《か》きましょう。

・しめり気　の　多《おお》い　日《ひ》。

・雨ふり　の　日《ひ》。

2

それは、わた毛《げ》が
しめって、
おもく　なると、
たねを　とおくまで
とばす　ことが
できないからです。

（令和二年度版　光村図書　こくご二上　たんぽぽ　うえむら　としお）

2

わた毛《げ》が　しめって、おもく　なると、どんな　ことが　できないのですか。

たね　を　とおくまで　とばす　こと。

16頁

たんぽぽの　ちえ　(8)

名まえ

つぎの　文《ぶん》しょうを　二回《にかい》　読《よ》んで、答《こた》えましょう。

このように、
たんぽぽは、
いろいろな　ちえを
㋐はたらかせて　います。
そうして、あちらこちらに
たねを　㋑ちらして、
あたらしい　なかまを
ふやして　いくのです。

（令和二年度版　光村図書　こくご二上　たんぽぽ　うえむら　としお）

(1) たんぽぽは、なにを　㋐はたらかせて　いますか。

いろいろな　ちえ

(2) たんぽぽは、なにを　㋑ちらして、いますか。

たね

(3) たんぽぽは、たねを　㋑ちらして、なにを　して　いくのですか。

あたらしい　なかまを　ふやしていくのです。

17頁

スイミー　(1)

名まえ

きょうか書《しょ》の　つぎの　文《ぶん》を　二回《にかい》　読《よ》んで、答《こた》えましょう。

1
［広《ひろ》い　海《うみ》の　どこかに、…］
から
［…たのしく　くらして　いた。］
まで

2
［みんな　赤《あか》いのに、…］
から
［…　名前《なまえ》は　スイミー。］
まで

1
(1) 広《ひろ》い　海《うみ》の　どこかに、だれが　くらして　いましたか。

小《ち》さな　魚《さかな》の　きょうだい　たち。

(2) どんなふうに　くらして　いましたか。

たのしく　くらして　いた。

2
(1) スイミーは、どんな　魚《さかな》ですか。二《ふた》つ　書《か》きましょう。

① からす貝《がい》よりも　まっくろ　。

② だれよりも　およぐ　のは、はやかった　。

18頁

スイミー　(2)

名まえ

きょうか書《しょ》の　つぎの　文《ぶん》を　二回《にかい》　読《よ》んで、答《こた》えましょう。

1
［ある　日《ひ》、おそろしい　まぐろが、…］
から
［…　にげたのは　スイミーだけ。］
まで

2
［スイミーは　およいだ、…］
から
［…とても　かなしかった。］
まで

1
(1) まぐろは、どんな　ようすで　つっこんで　きましたか。

おなか　を　すかせて、すごい　はやさで　ミサイル　みたいに　つっこんで　きた。

(2) にげたのは　だれですか。

スイミー

2
(1) スイミーは、どこを　およぎましたか。

くらい　海の　そこ

(2) スイミーは、どんな　気《き》もちでしたか。三《みっ》つに　○を　つけましょう。

（　）とても　おもしろかった。
（○）とても　かなしかった。
（○）さびしかった。
（　）うれしかった。
（○）こわかった。

19頁

スイミー　(3)

名まえ

きょうか書《しょ》の　つぎの　文《ぶん》を　二回《にかい》　読《よ》んで、答《こた》えましょう。

1
［けれど、海《うみ》には、…］
から
［…スイミーは、だんだん　元気《げんき》を　とりもどした。］
まで

2
［にじ色《いろ》の　ゼリーの　ような　くらげ。…］
から
［…やしの　木《き》みたいな　いそぎんちゃく。］
まで

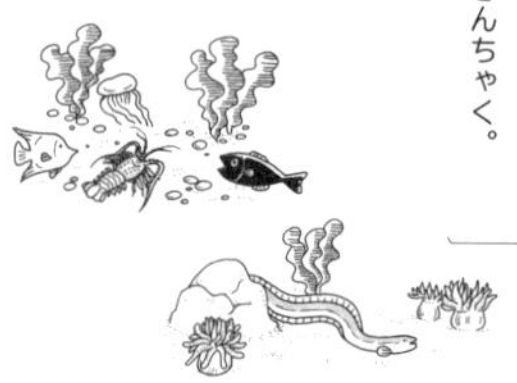

1
(1) スイミーは、海《うみ》に　ある　おもしろい　ものを　見《み》る　たびに、どう　なりましたか。

だんだん　元気　を　とりもどした。

2
(1) くらげは、なんのようですか。

にじ色　の　ゼリー。

(2) 水中《すいちゅう》ブルドーザーみたいな　ものは、なんですか。

いせえび

(3) ドロップみたいな　岩《いわ》から　生《は》えて　いるのは、なんですか。

こんぶ　や、わかめ　。

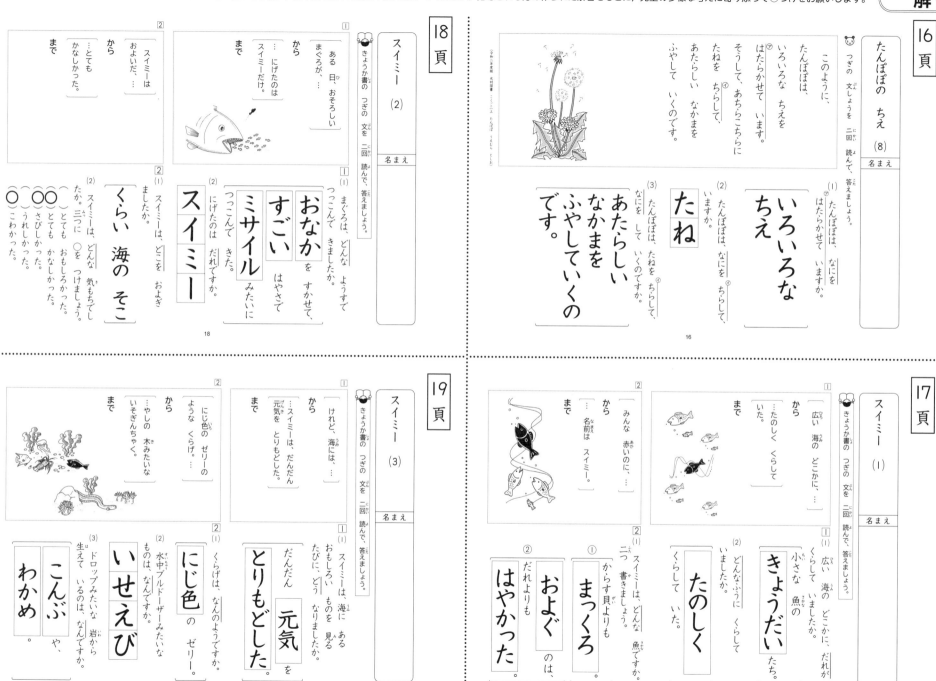

解答例

本書の解答は，あくまでもひとつの例です。児童に取り組ませる前に，必ず指導される方が問題を解いてください。指導される方の作られた解答をもとに，児童の多様な考えに寄り添って〇つけをお願いします。

20頁

スイミー　(4)

名まえ

きょうか書《しょ》の　つぎの　文《ぶん》を　二回《にかい》　読《よ》んで、答《こた》えましょう。

1　その　とき、岩《いわ》かげに、スイミーは　見《み》つけた、…　から　「…おもしろい　ものが　いっぱいだよ。」　まで

2　小《ちい》さな　赤《あか》い　魚《さかな》たちは、…　から　…いろいろ　かんがえた。うんと　かんがえた。　まで

1 (1) スイミーは、岩《いわ》かげに　なにを　見《み》つけましたか。

スイミーのと　そっくり　の、小《ちい》さな　魚《さかな》の　きょうだいたち。

(2) スイミーは、なにが　いっぱい　あると　言《い》いましたか。

おもしろいもの

2 (1) 小《ちい》さな　魚《さかな》たちが、岩《いわ》かげに　じっと　して　いるのは、なぜですか。

大きな　魚に　たべられて　しまうから。

21頁

スイミー　(5)

名まえ

きょうか書《しょ》の　つぎの　文《ぶん》を　二回《にかい》　読《よ》んで、答《こた》えましょう。

1　それから、とつぜん…　から　「…海《うみ》で　いちばん　大《おお》きな　魚《さかな》の　ふりを　して。」　まで

2　スイミーは　教《おし》えた。…　から　…みんな、もちばを　まもる　こと。　まで

1　スイミーが、かんがえて、とつぜん　さけんだ　ことばを　書《か》きましょう。

みんな　いっしょ　に　およぐんだ。海　で　いちばん　大きな　魚　の　ふりを　して。

2　スイミーが、教《おし》えた　ことは　なんですか。

①　けっして、はなればなれ　に　ならない　こと。

②　みんな、もちば　を　まもる　こと。

22頁

スイミー　(6)

名まえ

きょうか書《しょ》の　つぎの　文《ぶん》を　二回《にかい》　読《よ》んで、答《こた》えましょう。

みんなが、一《いっ》ぴきの　大《おお》きな　魚《さかな》みたいに…　から　…大《おお》きな　魚《さかな》を　おい出《だ》した。　まで

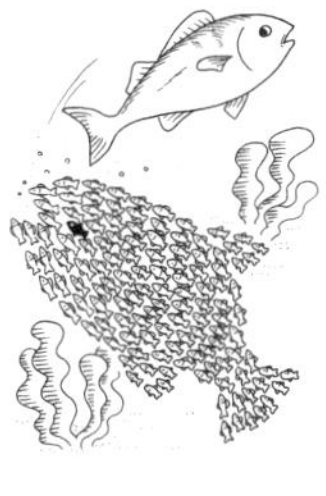

(1)　「ぼくが、目《め》に　なろう。」と　スイミーが　言ったのは、どんな　ときですか。

みんなが、一《いっ》ぴきの　大きな　魚　みたいに　およげる　ように　なった　とき。

(2)　「ぼくが、目《め》に　なろう。」と　スイミーが　言ったのは、なぜですか。〇を　つけましょう。

(　)　スイミーだけが、まっ赤《か》だったから。

(〇)　スイミーだけが、まっくろだったから。

(3)　みんなは　およいで、さいごに　どう　しましたか。

大きな　魚を　おい出した。

23頁

どうぶつ園《えん》のじゅうい　(1)

名まえ

つぎの　あらすじと　文《ぶん》しょうを　二回《にかい》　読《よ》んで、答《こた》えましょう。

わたしは、どうぶつ園《えん》で　はたらいて　いる　じゅういです。わたしの　しごとは、どうぶつたちが　びょうきや　けがを　した　とき、元気《げんき》に　くらせるように、ちりょうを　します。

1　お昼前《ひるまえ》に、どうぶつ園《えん》の　中《なか》に　ある　びょういんに　もどりました。すると、けがを　した　にほんざるが　くすりを　のまないと、しいくいんさんが　㋐こまって　いました。

2　にほんざるは、にがい　あじが　大《だい》きらいです。えさの　中《なか》に　くすりを　入れて　のませようと　しても、㋑すぐに　気《き》づかれました。

（令和二年度版　光村図書　こくご　二上　たんぽぽ　うえだ　みや）

1 (1)　いつ　びょういんに　もどりましたか。

お昼前

(2)　しいくいんさんは、どんな　ことに　㋐こまって　いましたか。

けがを　した　にほんざる　が　くすり　を　のまないこと。

2 (1)　にほんざるは、なにが　大《だい》きらいですか。

にがい　あじ

(2)　どんな　ことに　㋑すぐに　気《き》づかれましたか。〇を　つけましょう。

(　)　にがい　あじが　大《だい》きらいな　こと。

(〇)　えさの　中《なか》に　くすりを　入れて　のませる　こと。

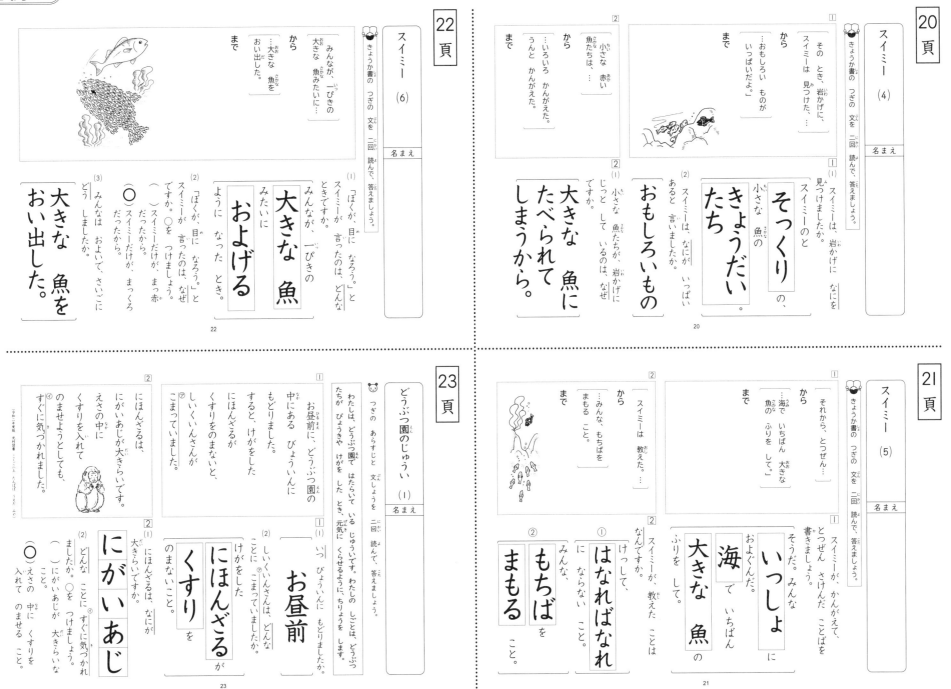

24頁

どうぶつ園《えん》のじゅうい　(2)

名まえ

つぎの　文《ぶん》しょうを　二回《にかい》　読《よ》んで、答《こた》えましょう。

㋐くすりをこなにして、
半分《はんぶん》に切《き》ったバナナに
はさんでわたしました。
すると、くすりの
ところだけをよけて、
㋑たべてしまいました。
こなをはちみつにまぜたら、
やっと、いっしょに
のみこんでくれました。

（令和二年度版　光村図書　こくご二上　たんぽぽ　うえだ　みや）

(1) ㋐くすりを　どのように　して　わたしましたか。

くすりを　**こな**　にして、　**半分**　に切《き》った　**バナナ**　に　はさんでわたしました。

(2) ㋑にほんざるは、どのように　して　たべてしまいましたか。一《ひと》つに　○を　つけましょう。

(○) くすりの　ところだけを　よけて、たべた。
(　) くすりだけを　たべた。
(　) くすりと　バナナを　たべた。

(3) こなを　なにに　まぜたら、のみこんで　くれましたか。

はちみつ

25頁

どうぶつ園《えん》のじゅうい　(3)

名まえ

つぎの　文《ぶん》しょうを　二回《にかい》　読《よ》んで、答《こた》えましょう。

1

夕方《ゆうがた》、
しいくいんさんから
電話《でんわ》がかかってきました。
ペンギンが、ボールペンを
のみこんで　しまったと
いうのです。

2

ペンギンは、水中《すいちゅう》で魚《さかな》を
つかまえて、丸《まる》ごと
のむので、えさと
㋐まちがえたのでしょう。

（令和二年度版　光村図書　こくご二上　たんぽぽ　うえだ　みや）

1

(1) だれから　電話《でんわ》が　かかって　きましたか。

しいくいんさん

(2) どんな　電話《でんわ》が　かかって　きましたか。

ペンギン　が、**ボールペン**　を　のみこんで　しまった。

2

(1) ペンギンは、どのように　して　魚《さかな》を　のむのですか。

水中　で　魚《さかな》を　**つかまえて**、**丸ごと**　のむのです。

(2) なにと　㋐まちがえたのでしょうか。

えさ

26頁

どうぶつ園《えん》のじゅうい　(4)

名まえ

つぎの　文《ぶん》しょうを　二回《にかい》　読《よ》んで、答《こた》えましょう。

いのちにかかわる
たいへんなことです。
大《おお》いそぎで
くすりをのませて
はかせると、
ボールペンが出《で》てきました。
早《はや》めに㋐手当《てあ》てができたので、
ペンギンは、
その後《あと》すぐに
元気《げんき》になりました。
㋑ひとあんしんです。

（令和二年度版　光村図書　こくご二上　たんぽぽ　うえだ　みや）

(1) ペンギンに　どんな　㋐手当《てあ》てを　しましたか。

大《おお》いそぎで　**くすり**　をのませて　**はかせる**。

(2) くすりを　のませて　はかせた　とき、ペンギンの　口《くち》から　なにが　出《で》てきましたか。

ボールペン

(3) ペンギンが　すぐに　元気《げんき》に　なったのは、なぜですか。

早《はや》めに　**手当て**　が　できたから。

(4) ㋑ひとあんしんですと　ありますが、なぜですか。

すぐに　元気になったから。

27頁

どうぶつ園《えん》のじゅうい　(5)

名まえ

つぎの　文《ぶん》しょうを　二回《にかい》　読《よ》んで、答《こた》えましょう。

1

一日《いちにち》のしごとの
おわりには、
きょうあったできごとや、
どうぶつを見《み》て
気《き》がついたことを、
日記《にっき》に書《か》きます。

2

毎日《まいにち》、きろくを
しておくと、
つぎに同《おな》じような
びょうきやけがが
あったとき、
よりよいちりょうを
することが　できるのです。

（令和二年度版　光村図書　こくご二上　たんぽぽ　うえだ　みや）

1

(1) 一日《いちにち》の　しごとの　おわりには、日記《にっき》に　どんな　ことを　書《か》きますか。二《ふた》つ　書《か》きましょう。

① **きょうあった**　できごと。

② **どうぶつ**　を見《み》て　**気がついた**　こと。

2

(1) きろくは、どのぐらい　しますか。○を　つけましょう。

(　) 一日《いちにち》だけ　する。
(○) 毎日《まいにち》　する。

(2) きろくを　しておくのは、なぜですか。

つぎに　同《おな》じような　**びょうき**　や　**けが**　が　あったとき、よりよい　**ちりょう**　を　することが　できるから。

本書の解答は，あくまでもひとつの例です。児童に取り組ませる前に，必ず指導される方が問題を解いてください。指導される方の作られた解答をもとに，児童の多様な考えに寄り添って○つけをお願いします。

28頁

どうぶつ園《えん》のじゅうい (6)

名まえ

つぎの 文《ぶん》しょうを 二回《にかい》 読《よ》んで、答《こた》えましょう。

どうぶつ園《えん》を出《で》る前《まえ》には、
かならずおふろに入《はい》ります。
どうぶつの体《からだ》には、
人間《にんげん》のびょうきの
もとに なるものが
ついていることが あります。
だから、どうぶつに
さわった後《あと》は、㋐それを
どうぶつ園《えん》の外《そと》に
もち出《だ》さないために、
おふろで 体《からだ》を
あらわなければ
いけないのです。
これで、ようやく
長《なが》い一日《いちにち》がおわります。

(令和二年度版 光村図書 こくご二上 たんぽぽ うえだ みや)

(1) どうぶつ園《えん》を 出《で》る 前《まえ》に、かならず する ことは なんですか。

おふろに入る。

(2) ㋐それとは、なんですか。

人間 の びょうき の もとに なるもの。

(3) ㋐それを どう する ために おふろで 体《からだ》を あらわなければ いけないのですか。

どうぶつ園 の 外《そと》に もち出さない ために、おふろで 体《からだ》を あらわなければ いけないのです。

29頁

たけのこ ぐん

名まえ

つぎの しを 二回《にかい》 読《よ》んで、答《こた》えましょう。

たけのこ ぐん
ぶしか えつこ

たけのこが
ぐん
せのびして
㋐つちを わったよ

あたまに きらり
つゆを のせてる
あさの おほしさんに
もらったのかな

たけのこ のびろ
㋑ぐん

※つゆ…あさ早《はや》く、草《くさ》の 上《うえ》などに 見《み》られる 水《みず》の つぶ。

(令和二年度版 東京書籍 新しい国語 二上 ぶしか えつこ)

(1) たけのこが のびる ようすが わかる ことばを 文中《ぶんちゅう》から かき出《だ》しましょう。

ぐん

(2) ㋐つちを わったとは、どういう いみですか。○を つけましょう。

(○)たけのこが 土《つち》の 中《なか》から 出《で》て きた。
( )たけのこが 土《つち》の 中《なか》に 入《はい》って いた。

(3) たけのこの あたまに のせて いる ものは、なんですか。

つゆ

(4) ㋑ぐんから どんな かんじが しますか。一《ひと》つに ○を つけましょう。

( )しずかに のびろ
(○)力《ちから》いっぱい のびろ
( )すこし のびろ

30頁

風《かぜ》の ゆうびんやさん (1)

名まえ

つぎの 文《ぶん》しょうを 二回《にかい》 読《よ》んで、答《こた》えましょう。

1

風《かぜ》の ゆうびんやさんは、
風《かぜ》の じてん車《しゃ》に のって
やってきます。リンリンと
ベルを ならして、
ひゅうっと とおりすぎて
いきます。

2

ゆうびんやさんの
かばんは、はいたつする
手紙《てがみ》で いっぱいです。
でも、㋐ちっとも
おもたそうでは
ありません。

※はいたつ…ゆうびんなどを くばって とどける こと。

(令和二年度版 東京書籍 新しい国語 二上 たけした ふみこ)

1

(1) 風《かぜ》の ゆうびんやさんは、なにに のって やってきますか。

風の じてん車

(2) ベルは どんな 音《おと》を ならして いますか。文中《ぶんちゅう》から 書《か》き出《だ》しましょう。

リンリン

2

(1) ゆうびんやさんの かばんは、なにで いっぱいですか。

はいたつする 手紙

(2) ㋐ちっともとは、どういう いみですか。一《ひと》つに ○を つけましょう。

( )すごく
( )とっても
(○)すこしも

31頁

風《かぜ》の ゆうびんやさん (2)

名まえ

つぎの 文《ぶん》しょうを 二回《にかい》 読《よ》んで、答《こた》えましょう。

1

せまい みちでも、
さかみちでも、
ゆうびんやさんは、
口《くち》ぶえを ふきながら、
すいすい はしります。

2

㋐「あげはちょうさん、
ゆうびんです。」
花《はな》びらみたいな、
いい においの 手紙《てがみ》が
とどきました。

(令和二年度版 東京書籍 新しい国語 二上 たけした ふみこ)

1

(1) ゆうびんやさんは、どんな みちを はしると 書《か》いて ありますか。二《ふた》つに ○を つけましょう。

( )ひろい みち
(○)せまい みち
(○)さかみち
( )がたがたみち

(2) ゆうびんやさんは、なにを ふきながら はしりますか。

口ぶえ

2

(1) ㋐は、ゆうびんやさんが だれに 言《い》った ことばですか。

あげはちょうさん

(2) どんな 手紙《てがみ》が とどきましたか。文中《ぶんちゅう》から 書《か》き出《だ》しましょう。

花びら みたいな、いい におい の 手紙《てがみ》。

32頁

風《かぜ》の ゆうびんやさん (3)

名まえ

つぎの 文《ぶん》しょうを 二回《にかい》 読《よ》んで、答《こた》えましょう。

1

「あら、うれしい。
パーティーの
しょうたいじょうですって。
こうえんで、ばらの
花《はな》が さいたんですって。
㋐ぜひ 行《い》かなくちゃ。」
おしゃれな
あげはちょうは、
いそいそと
㋑したくを
はじめます。

※いそいそと…うれしくて、どうさが はずむ ようす。

（令和二年度版 東京書籍 新しい国語 二上 たけした ふみこ）

(2)の もんだいの ように、りゆうを 答《こた》えるときは、さいごに 「から」を つけましょう。

1 (1) ㋐ぜひ 行《い》かなくちゃは、だれが 言《い》った ことばですか。

あげはちょう

(2) パーティーに、㋐ぜひ 行《い》かなくちゃと おもったのは、なぜですか。

こうえんで ばらの 花《はな》が、さいたから。

(3) ㋑したくと おなじ いみの ことばに 一《ひと》つ ○を つけましょう。

( ) はいたつ
( ) せんたく
(○) じゅんび

(4) パーティの しょうたいじょうが とどいて、どんな 気《き》もちに なりましたか。文中《ぶんちゅう》から 書《か》き出《だ》しましょう。

うれしい

33頁

風《かぜ》の ゆうびんやさん (4)

名まえ

つぎの 文《ぶん》しょうを 二回《にかい》 読《よ》んで、答《こた》えましょう。

1

「犬《いぬ》さん、ゆうびんです。」
にわの 犬小屋《いぬごや》の、
おじいさん犬《いぬ》の
ところには、はがきが
とどきました。

2

「ほう。となり町《まち》に
ひっこして いった、
まごたちからだ。
みんな 元気《げんき》に
くらして います、か。
うん。よかった、
よかった。」

（令和二年度版 東京書籍 新しい国語 二上 たけした ふみこ）

1 (1) おじいさん犬《いぬ》は、どこに すんで いますか。

にわの 犬小屋

(2) おじいさん犬《いぬ》に なにが とどきましたか。

はがき

2 (1) まごたちから、どんな はがきが、とどきましたか。○を つけましょう。

(○) じぶんたちは 元気《げんき》に して いると つたえる はがき。
( ) おじいさん犬《いぬ》に、元気《げんき》ですかと、きいて いる はがき。

(2) はがきを よんだ おじいさん 犬《いぬ》の 気《き》もちが わかる ところを 文中《ぶんちゅう》から 書《か》き出《だ》しましょう。

よかった、よかった。

34頁

名前《なまえ》を 見《み》て ちょうだい (1)

名まえ

つぎの 文《ぶん》しょうを 二回《にかい》 読《よ》んで、答《こた》えましょう。

1

えっちゃんは、
おかあさんに 赤《あか》い
すてきな ぼうしを
もらいました。
㋐「うらを 見《み》て ごらん。」
そう 言《い》われて、
ぼうしの うらを 見《み》ると、
青《あお》い 糸《いと》で 名前《なまえ》が
ししゅうして あります。

2

「う、め、だ、え、つ、こ。
うふっ。㋐ありがとう。」
えっちゃんは、
ぼうしを
ぎゅうっと かぶりました。
そして、さっそく、あそびに
出《で》かける ことに しました。

（令和二年度版 東京書籍 新しい国語 二上 あまん きみこ）

1 (1) ㋐は、だれが だれに 言《い》った ことばですか。

おかあさん が えっちゃん に 言《い》った ことば。

(2) つぎの ①②は、それぞれ 何色《なにいろ》ですか。

① えっちゃんの ぼうしの 色《いろ》　赤
② 名前《なまえ》の ししゅうの 色《いろ》　青

2 (1) えっちゃんの 名前《なまえ》を、書《か》きましょう。

うめだえつこ

(2) えっちゃんは、㋐ありがとうと 言《い》って、何《なに》を しましたか。

ぼうしを ぎゅうっと かぶりました。

35頁

名前《なまえ》を 見《み》て ちょうだい (2)

名まえ

つぎの 文《ぶん》しょうを 二回《にかい》 読《よ》んで、答《こた》えましょう。

1

さて、えっちゃんが
門《もん》を 出《で》た とき、つよい
風《かぜ》が ふいて きて、
㋐いきなり ぼうしを
さらって いきました。
「㋑こら、ぼうし、まてえ。」

2

えっちゃんは
はしりだしました。
ぼうしは、
リボンを
ひらひら
させながら、のはらの
方《ほう》へ とんで いきます。

（令和二年度版 東京書籍 新しい国語 二上 あまん きみこ）

1 (1) ㋐いきなりとは、どういう いみですか。一《ひと》つに ○を つけましょう。

(○) きゅうに
( ) ゆっくり
( ) すっかり

(2) ㋑こら、ぼうし、まてえとは、だれが、何《なに》に 言《い》った ことばですか。

えっちゃん が ぼうし に 言《い》った ことば。

2 (1) えっちゃんは、何《なに》を しようと して、はしりだしましたか。

(れい) とんだ ぼうしを つかまえる ため。

(2) ぼうしは、どこへ とんで いったのですか。○を つけましょう。

(○) のはらの 方《ほう》。
( ) 門《もん》の ある 方《ほう》。

本書の解答は，あくまでもひとつの例です。児童に取り組ませる前に，必ず指導される方が問題を解いてください。指導される方の作られた解答をもとに，児童の多様な考えに寄り添って○つけをお願いします。

36頁

名前《なまえ》を　見《み》て　ちょうだい　(3)

名まえ

つぎの　文《ぶん》しょうを　二回《にかい》　読《よ》んで、答《こた》えましょう。

1

えっちゃんが　その　のはらに　はしって　いくと、赤《あか》い　ぼうしを　ちょこんと　かぶった　きつねが　一《いっ》ぴき、白《しろ》い　すすきを　もって、㋐プープー　ふいて　いました。

2

「それ、あたしの　ぼうしよ。」

きつねの　頭《あたま》を　ゆびさして、えっちゃんが　言《い》いました。すると、ふりむいた　きつねは、すまして　こたえました。

（令和二年度版　東京書籍　新しい国語　二上　あまん　きみこ）

1

(1) きつねは、何《なに》を　かぶって　いましたか。

赤いぼうし

(2) きつねは、何《なに》を　ふいて　いましたか。

白いすすき

(3) ㋐すすきは、どんな　音《おと》を　ならして　いましたか。

プープー

2

(1) □に　あてはまる　ことばを　書《か》きましょう。

きつねの　頭　を　ゆびさして、えっちゃん　が　言いました。

(2) すまして　こたえたのは、だれですか。

きつね

37頁

名前《なまえ》を　見《み》て　ちょうだい　(4)

名まえ

えっちゃんと　きつねが　話《はな》して　います。つぎの　文《ぶん》しょうを　二回《にかい》　読《よ》んで、答《こた》えましょう。

1

㋐「ぼくのだよ。」

㋑「あたしの　名前《なまえ》が　書《か》いて　あるわ。名前《なまえ》を　見《み》て　ちょうだい。」

きつねは、㋐しぶしぶ　ぼうしを　ぬいで、名前《なまえ》の　ところを　見《み》せました。

2

「ほうら、ぼくの　名前《なまえ》だよ。の、は、ら、こ、ん、き、ち。」

なるほど、きつねの　言《い》う　とおり。本当《ほんとう》に　そう　見《み》えます。

㋑「へんねえ。」

1

(1) ㋐と㋑は、それぞれ、だれが　言《い》った　ことばですか。

㋐ きつね

㋑ えっちゃん

(2) ㋐しぶしぶ　ぼうしを　ぬいでとは、どんな　ようすですか。○を　つけましょう。

(○) いやだけど、しかたなく　ぬぐ　ようす。

(　) えらそうに　いばりながら　ぬぐ　ようす。

2

(1) きつねの　名前《なまえ》を、書《か》きましょう。

のはらこんきち

(2) どんなことに、㋑へんねえと　思《おも》ったのですか。

（れい）ぼうしに、きつねの　名前が　書いて　あるように　見えた　こと。

38頁

名前《なまえ》を　見《み》て　ちょうだい　(5)

名まえ

つぎの　文《ぶん》しょうを　二回《にかい》　読《よ》んで、答《こた》えましょう。

1

えっちゃんが　もう　一度《いちど》　㋐たしかめようと　した　とき、つよい　風《かぜ》が　ふいて　きて、いきなり　ぼうしを　さらって　いきました。

「こら、ぼうし、まてえ。」

2

えっちゃんと　きつねは　はしりだしました。

ぼうしは、リボンを　㋑ひらひらさせながら、㋒こがね色《いろ》の　はたけの　方《ほう》へ　㋓とんで　いきます。

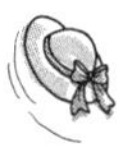

（令和二年度版　東京書籍　新しい国語　二上　あまん　きみこ）

1

(1) ㋐たしかめようと　した　とき、何《なに》が　ふいて　きましたか。

つよい　風

(2) 何《なに》が　何《なに》を　さらって　いきましたか。

つよい　風　が　えっちゃんの　ぼうし　を　さらって　いきました。

2

(1) ㋑ひらひらしている　ものは　何《なん》ですか。

リボン

(2) ㋒こがね色《いろ》とは、どんな　色《いろ》ですか。○を　つけましょう。

(○) ひかり　かがやく　金色《きんいろ》。

(　) 夕《ゆう》やけのような　赤色《あかいろ》。

(3) ㋓ぼうしは、どちらの　方《ほう》へ　とんで　いきますか。

（こがね色の）はたけ

39頁

名前《なまえ》を　見《み》て　ちょうだい　(6)

名まえ

つぎの　文《ぶん》しょうを　二回《にかい》　読《よ》んで、答《こた》えましょう。

1

㋐えっちゃんたちが　その　はたけに　はしって　いくと、赤《あか》い　ぼうしを　ちょこんと　かぶった　牛《うし》が　一《いっ》ぴき、青《あお》い　空《そら》を　まぶしそうに　見上《みあ》げて　いました。

2

あ「それ、あたしのよ。」

い「ぼくのだよ。」

牛の　頭を　ゆびさして、えっちゃんと　きつねが　言いました。すると、ふりむいた　牛は、すまして　こたえました。

う「わたしのですよ。」

（令和二年度版　東京書籍　新しい国語　二上　あまん　きみこ）

1

(1) ㋐えっちゃんたちとは、だれと　だれですか。

えっちゃん　と　きつね。

(2) 牛《うし》は　青《あお》い　空《そら》を　どのように　見上《みあ》げて　いましたか。

まぶしそうに　見上げて　いました。

2

(1) あいうは、だれが　言った　ことばですか。□から　えらんで　うきえのきごうで　答《こた》えましょう。

う 牛　き きつね　え えっちゃん

あ え

い き

う う

(2) えっちゃんが　ゆびさした　牛《うし》の　頭《あたま》には、何《なに》が　ありますか。

ぼうし

40頁

いろんな おとの あめ

名まえ

つぎの しを 二回《にかい》 読《よ》んで、答《こた》えましょう。

いろんな おとの あめ
きしだ えりこ

あめ あめ
いろんな おとの あめ

はっぱに あたって ぴとん
まどに あたって ぱちん
かさに あたって ぱらん
ほっぺたに あたって ぷちん
てのひらの なかに ぽとん
こいぬの はなに ぴこん
こねこの しっぽに しゅるん
かえるの せなかに ぴたん
すみれの はなに しとん
くるまの やねに とてん
あめ あめ あめ あめ
いろんな おとの あめ

(令和二年度版 東京書籍 新しい国語 二上 きしだ えりこ)

(1) あめが、つぎの ものに あたった とき、どんな おとが しますか。
――線《せん》で むすびましょう。

① まど ― ぱちん
② てのひら ― ぽとん
③ こねこのしっぽ ― しゅるん
④ すみれのはな ― しとん

(2) つぎの おとは、あめが どこに おちた おとですか。

① ぴこん　〔こいぬ〕の〔はな〕
② ぴたん　〔かえる〕の〔せなか〕
③ とてん　〔くるま〕の〔やね〕

(3) あなたの かんがえた あめの おとを 書《か》いてみましょう。

(れい)
①ぺたん
②ぴちゃん

(4) それは、どこに おちた あめの おとですか。

(れい)
①やねの かわら
②水たまり

41頁

ニャーゴ (1)

名まえ

つぎの あらすじと 文《ぶん》しょうを 二回《にかい》 読《よ》んで、答《こた》えましょう。

三《さん》びきの 子《こ》ねずみは、ねこの たまおじさんに 出会《であ》いました。子《こ》ねずみたちは、いっしょに ももを とりに 行《い》こうと ねこを さそいます。ねこは ももを たくさん 食《た》べずに、あとで 子《こ》ねずみを 食《た》べようと 思《おも》いました。

1

ももを 食《た》べおわると、三《さん》びきの 子《こ》ねずみと ねこは、のこった ももを もって、帰《かえ》って いきました。

1 ねこは、どう しましたか。一《ひと》つに ○を つけましょう。

(○)のこった ももを もって、帰《かえ》りました。
(　)のこった ももを 食《た》べて、帰《かえ》りました。
(　)のこった ももは おいて、帰《かえ》りました。

2

そして、あと 少《すこ》しの ところまで 来《き》た ときです。
ねこは、ぴたっと 止《と》まって、
ニャーゴ
できるだけ こわい 顔《かお》で ㋐さけびました。

2 ㋐さけびましたに ついて 答《こた》えましょう。

① だれが ㋐さけびましたか。
〔ねこ〕

② 何《なん》と ㋐さけびましたか。
〔ニャーゴ〕

③ どんな 顔《かお》で ㋐さけびましたか。
〔できるだけ こわい〕顔《かお》

(令和二年度版 東京書籍 新しい国語 二上 みやにし たつや)

42頁

ニャーゴ (2)

名まえ

つぎの 文《ぶん》しょうを 二回《にかい》 読《よ》んで、答《こた》えましょう。

とうじょう人《じん》ぶつ
三《さん》びきの 子《こ》ねずみ・ねこ

1

そして、
㋐「おまえたちを 食《く》って やる。」
と ㋑言おうと した
その ときです。

1
(1) ㋐おまえたちとは、だれですか。
〔三びきの 子ねずみ〕たち

(2) ㋑言《い》おうと したとは、どういう ことですか。○を つけましょう。
(　)声《こえ》に 出《だ》して 言《い》った。
(○)声《こえ》に 出《だ》そうと したが 言《い》って いない。

2

ニャーゴ
ニャーゴ
ニャーゴ
三《さん》びきが
さけびました。

2
(1) ニャーゴ ニャーゴ ニャーゴに ついて 答《こた》えましょう。

① だれが 言《い》った ことばですか。
〔三びきの 子ねずみ〕

② だれに むかって さけびましたか。
〔ねこ〕

(令和二年度版 東京書籍 新しい国語 二上 みやにし たつや)

43頁

ニャーゴ (3)

名まえ

つぎの 文《ぶん》しょうを 二回《にかい》 読《よ》んで、答《こた》えましょう。

とうじょう人《じん》ぶつ
三《さん》びきの 子《こ》ねずみ・ねこ (たまおじさん)

「へへへ、たまおじさんと ㋐はじめて 会《あ》った とき、おじさん、①ニャーゴって 言《い》ったよね。あの とき、おじさん、こんにちはって 言《い》ったんでしょう。そして、今《いま》の ②ニャーゴが さよならなんでしょ。」

(1) ㋐はじめて 会《あ》った ときに ついて 答《こた》えましょう。

① だれと だれが 会《あ》いましたか。
〔三びきの 子ねずみ〕と〔たまおじさん(ねこ)〕。

② その とき おじさんは、何《なん》と 言《い》ったのですか。
〔ニャーゴ〕

(2) ①と ②の ニャーゴに ついて 答《こた》えましょう。
子《こ》ねずみたちは、どういう いみだと 思《おも》って いますか。

① はじめて 会《あ》った とき
〔こんにちは〕

② 今《いま》
〔さよなら〕

(令和二年度版 東京書籍 新しい国語 二上 みやにし たつや)

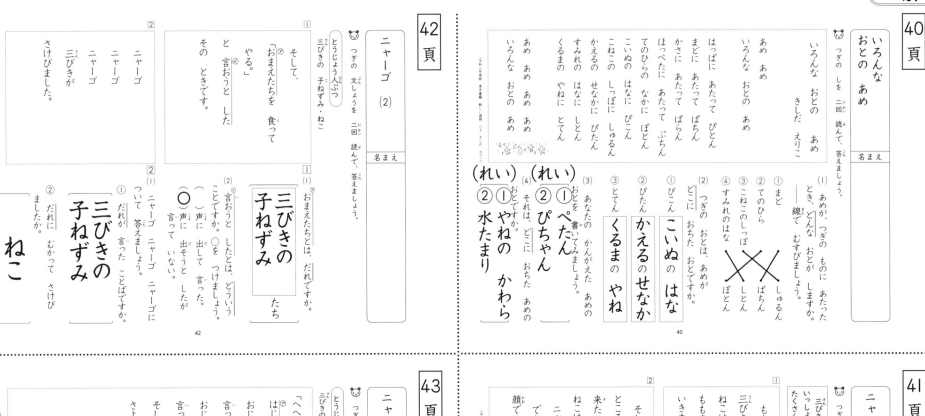

解答例

本書の解答は，あくまでもひとつの例です。児童に取り組ませる前に，必ず指導される方が問題を解いてください。指導される方の作られた解答をもとに，児童の多様な考えに寄り添って〇つけをお願いします。

44頁

ニャーゴ (4)

名まえ

つぎの 文《ぶん》しょうを 二回《にかい》 読《よ》んで、答《こた》えましょう。

とうじょう人《じん》ぶつ
三《さん》びきの 子《こ》ねずみ・ねこ（たまおじさん）

あ「⑦おじさん、はい、これ
おみやげ。」
い「みんな 一《ひと》つずつだよ。
ぼくは、弟《おとうと》に
おみやげ。」
「ぼくは、妹《いもうと》に。」
「ぼくは、弟《おとうと》に。」
たまおじさんは、
弟《おとうと》か 妹《いもうと》 いるの。」

（令和二年度版 東京書籍 新しい国語 二上 みやにし たつや）

(1) ⑦おじさんとは だれですか。〇を つけましょう。
（〇）ねこ　（ ）いぬ

(2) あいは、だれが 言《い》った ことばですか。〇を つけましょう。
あ（〇）子ねずみ　（ ）ねこ（たまおじさん）
い（〇）子ねずみ　（ ）ねこ（たまおじさん）

(3) おみやげは、みんな いくつずつですか。
一つずつ

(4) 子ねずみは、たまおじさんに 何《なん》と 聞《き》きましたか。
たまおじさんは **弟** か **妹** いるの。

45頁

ニャーゴ (5)

名まえ

つぎの 文《ぶん》しょうを 二回《にかい》 読《よ》んで、答《こた》えましょう。

とうじょう人《じん》ぶつ
三《さん》びきの 子《こ》ねずみ・ねこ

1
あ「おれの うちには、
子どもが いる。」
ねこは、小《ちい》さな 声《こえ》で
答《こた》えました。
い「へえ、何《なん》びき。」
う「四《よ》ひきだ。」

2
ねこが そう 言うと
「四《よ》ひきも いるなら
一《ひと》つじゃ 足《た》りないよね。
⑦ぼくの あげる。」

（令和二年度版 東京書籍 新しい国語 二上 みやにし たつや）

1 (1) あいうは、それぞれ ねこか 子ねずみの うち、どちらが 言った ことばですか。
あ **ねこ**
い **子ねずみ**
う **ねこ**

(2) 四《よ》ひきとは、何《なん》の 数《かず》ですか。
ねこの **子ども**

2 (1) なぜ、子ねずみは、⑦ぼくの あげると 言ったのですか。
（れい）**ねこには、四ひきも 子どもが いるので、一つじゃ 足りないと 思ったから。**

46頁

ニャーゴ (6)

名まえ

つぎの 文《ぶん》しょうを 二回《にかい》 読《よ》んで、答《こた》えましょう。

とうじょう人《じん》ぶつ
三《さん》びきの 子《こ》ねずみ・ねこ

あ「ぼくのも あげるよ。」
「ぼくの ももも。」
い「ううん。」
ねこは、⑦大《おお》きな
ためいきを
一《ひと》つ つきました。
ねこは、ももを
④かかえて
歩《ある》きだしました。

（令和二年度版 東京書籍 新しい国語 二上 みやにし たつや）

(1) あいは、それぞれ だれが 言《い》った ことばですか。
あ **子ねずみ**
い **ねこ**

(2) だれが、ねこに 何《なに》を あげると、言ったのですか。
子ねずみ が、ねこに **もも** を あげると 言った。

(3) ねこは、なぜ ⑦大《おお》きな ためいきを ついたのですか。〇を つけましょう。
（ ）ももが きらいだから。
（〇）子ねずみを 食《た》べようと 思《おも》って いたのに、ももを くれて やさしいから。

(4) ④かかえてとは、どういう いみですか。〇を つけましょう。
（ ）かた手《て》で ぶらさげて もつ。
（〇）りょう手《て》で だくように もつ。

47頁

ニャーゴ (7)

名まえ

つぎの 文《ぶん》しょうを 二回《にかい》 読《よ》んで、答《こた》えましょう。

とうじょう人《じん》ぶつ
三《さん》びきの 子《こ》ねずみ・ねこ（おじさん）

1
子《こ》ねずみたちが、
手《て》を ふりながら
さけんで います。
「おじさあん、
また 行《い》こうね。」
あ「やくそくだよう。」
い「きっとだよう。」

2
ねこは、ももを
⑦だいじそうに かかえた
まま、
④ニャーゴ
小《ちい》さな 声《こえ》で
答《こた》えました。

（令和二年度版 東京書籍 新しい国語 二上 みやにし たつや）

1 (1) あいは、それぞれ だれが 言った ことばですか。
あ **子ねずみ**
い **子ねずみ**

(2) 子ねずみたちは、だれに 手を ふって いますか。
ねこ

2 (1) ⑦だいじそうに かかえたと ありますが、なぜですか。思《おも》った ことを 書《か》きましょう。
（れい）**子ねずみが ももを わけて くれて、うれしいから。**

(2) ④ニャーゴには、どんな 気《き》もちが こめられて いますか。思《おも》った ことを 書《か》きましょう。
（れい）**子ねずみを、食《た》べようと 思って いたのに、やさしく して くれて ありがとう。**

48頁

「えいっ」（1）

名まえ

つぎの　文《ぶん》しょうを　二回《にかい》　読《よ》んで、答《こた》えましょう。

1

くまの　とうさんと、くまの　子《こ》どもが、町《まち》へ　ポップコーンを、かいに　行《い》きました。

2

あるいて　いると、どうろの　しんごうが、赤《あか》に　なりました。
㋐「あぶないから、わたっては　いけないよ。」
と、とうさんが　言《い》いました。
「うん。」
くまの　子《こ》が　言《い》いました。

（令和二年度版　教育出版　ひろがることば　小学国語　二上　みき　たく）

1

(1) くまの　子《こ》どもは、だれと、町《まち》へ　何《なに》を　かいに　行《い》きましたか。

［くまの　とうさん］と　町《まち》へ　［ポップコーン］を　かいに　行《い》きました。

2

(1) しんごうは、何色《なにいろ》に　なりましたか。

［赤］

(2) ㋐あぶないから、わたっては　いけないよと　言《い》ったのは、なぜですか。

［しんごう（の　色）］が　［赤］に　なったから。

りゆうを　答《こた》える　ときは、さいごに「から」を　つけましょう。

49頁

「えいっ」（2）

名まえ

つぎの　文《ぶん》しょうを　二回《にかい》　読《よ》んで、答《こた》えましょう。

くまの　子《こ》と　くまの　とうさんが　しんごうが　かわるのを、まって　います。

1

車《くるま》が、どんどん　通《とお》って　いきます。
いくら　まっても、赤《あか》です。
「とうさん、㋐まだ　わたれないよ。」

2

「よし、よし。」
とうさんが　言《い》いました。
㋐「今《いま》、［㋑］に　して　あげるから、まって　いなさい。」

（令和二年度版　教育出版　ひろがることば　小学国語　二上　みき　たく）

1

(1) 車《くるま》が　通《とお》って　いく　ようすを　四文字《よんもじ》で　書《か》きましょう。

［どんどん］

(2) ㋐まだ　わたれないのは、なぜですか。

しんごうが　［いくら］　まっても、［赤］　だから。

2

(1) ［㋑］には、色《いろ》の　名《な》まえが　入《はい》ります。何色《なにいろ》ですか。一《ひと》つに　○を　つけましょう。

（　）赤《あか》　（○）青《あお》　（　）黄《き》

(2) ㋐は、だれが　だれに　言《い》った　ことばですか。

［（くまの）とうさん］が　［くまの　子］に　言《い》った　ことば。

50頁

「えいっ」（3）

名まえ

つぎの　文《ぶん》しょうを　二回《にかい》　読《よ》んで、答《こた》えましょう。

1

それから、㋐ころあいを　見《み》はからって、
「えいっ。」
と　言《い》いました。
しんごうは、青《あお》に　なりました。

2

（ふうん。うちの　とうさんって、㋑すごいんだ。）
くまの　子《こ》は、かんしんしました。

（令和二年度版　教育出版　ひろがることば　小学国語　二上　みき　たく）

1

(1) ㋐ころあいとは、どういう　いみですか。○を　つけましょう。

（○）ちょうど　よい　とき。
（　）タイミングが　わるい　とき。

(2) 「えいっ。」と　言《い》ったのは、だれですか。

［（くまの）とうさん］

(3) 「えいっ。」と　言《い》った　とき　しんごうは、何色《なにいろ》に　なりましたか。

［青］

2

(1) ㋑すごいんだと　ありますが、何《なに》が　すごいのですか。

［「えいっ。」］と　言《い》うと、［しんごう］が　青《あお》に　なったから。

51頁

「えいっ」（4）

名まえ

つぎの　文《ぶん》しょうを　二回《にかい》　読《よ》んで、答《こた》えましょう。

くまの　子《こ》と　くまの　とうさんが　あるいて　います。

1

（「えいっ。」って　言《い》えば、しんごう、かわっちゃうんだものな。）
ポップコーンを　かって、二人《ふたり》で　あるいて　いると、いい　気持《きも》ちでした。

2

㋐「とうさん、ねえ、とうさん。」
㋑「なんだい。」
㋒「じゃあ、赤《あか》に　する　ことも　できるかい。」
㋓「㋐できるとも。」
㋔「じゃあ、やって　みせて　くれる。」

（令和二年度版　教育出版　ひろがることば　小学国語　二上　みき　たく）

1

(1) 「えいっ。」と　言《い》えば、何《なに》が　かわりますか。

［しんごう（の　色）］

(2) 二人《ふたり》で　あるいて　いると　どんな　気持《きも》ちに　なりましたか。

［いい気持ち］

2

(1) くまの　子《こ》が　言《い》った　ことばを　㋐〜㋔から、えらんで、きごうで　答《こた》えましょう。

［㋐］［㋒］［㋔］

(2) ㋐できるとは、何《なに》を　する　ことが　できるのですか。

［しんごう］の　色《いろ》を、［赤］に　する　こと。

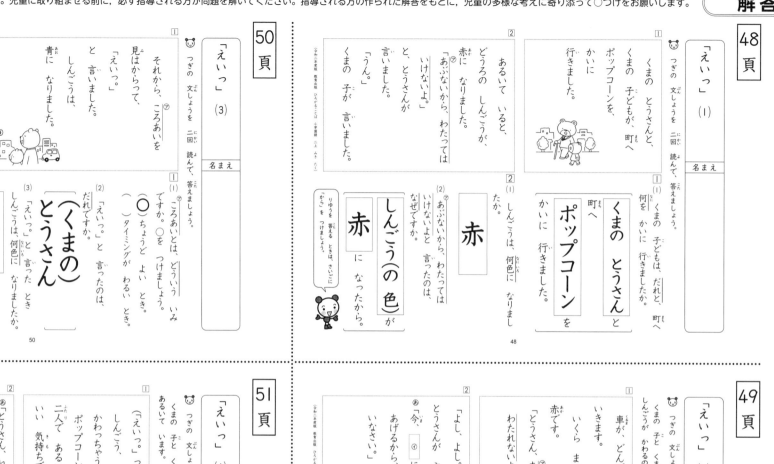

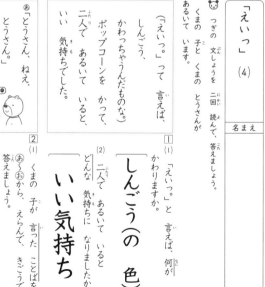

解答例

本書の解答は，あくまでもひとつの例です。児童に取り組ませる前に，必ず指導される方が問題を解いてください。指導される方の作られた解答をもとに，児童の多様な考えに寄り添って○つけをお願いします。

52頁

「えいっ」 (5)

名まえ

つぎの 文《ぶん》しょうを 二回《にかい》 読《よ》んで、答《こた》えましょう。

くまの 子《こ》は とうさんに しんごうの 色《いろ》を 赤《あか》に かえて みせてと おねがいしました。

1

つぎの しんごうの ところへ きました。 しんごうは 青《あお》でした。 とうさんは、ころあいを 見《み》はからって、 ㋐「えいっ。」 と 言《い》いました。

(1) つぎの しんごうは、何色《なにいろ》でしたか。

青

(2) とうさんは、何《なん》の ために ㋐「えいっ。」 と 言《い》いましたか。○を つけましょう。

(○) しんごうの 色《いろ》を かえる ため。

( ) しんごうの 色《いろ》を 青《あお》に する ため。

2

しんごうは、黄色《きいろ》に なりました。 「あれ、黄色《きいろ》だよ。」 くまの 子《こ》は、びっくりして 言《い》いました。

(1) くまの 子《こ》は、なぜ びっくり したのですか。

しんごう の 色《いろ》が、黄色 に なったから。

(2) くまの 子《こ》は、しんごうの 色《いろ》は、何色《なにいろ》に なると 思《おも》って いましたか。

赤

(令和二年度版 教育出版 ひろがることば 小学国語 二上 みき たく)

53頁

「えいっ」 (6)

名まえ

つぎの 文《ぶん》しょうを 二回《にかい》 読《よ》んで、答《こた》えましょう。

1

とうさんは、また、 「えいっ。」 と 言《い》いました。 しんごうは、赤《あか》に なりました。 (ふうん。ぼくの とうさん、えらいんだ。) と、くまの 子《こ》は 思《おも》いました。

(1) とうさんが、また、言《い》ったのは、どんな ことばですか。

えいっ。

(2) しんごうが、赤《あか》に なって、くまの 子《こ》は どう 思《おも》いましたか。

ぼくの とうさん、えらいんだ。

2

「ねえ、とうさん。 でも、どうして 黄色《きいろ》なんかに したの。」

(1) とうさんが、「えいっ。」と 言《い》った とき、しんごうは、どのように かわって いきましたか。

はじめ 赤《あか》 ↓「えいっ。」 青《あお》 ↓「えいっ。」 黄色 ↓「えいっ。」 赤《あか》

(令和二年度版 教育出版 ひろがることば 小学国語 二上 みき たく)

54頁

「えいっ」 (7)

名まえ

つぎの 文《ぶん》しょうを 二回《にかい》 読《よ》んで 答《こた》えましょう。

1

㋐「いっぺんに 赤《あか》だと、 みんなが びっくりするからね。 一度《いちど》 黄色《きいろ》に して、 赤《あか》に する ことを、 おしえて あげたのさ。」

(1) ㋐は、だれが 言《い》った ことばですか。

(くまの) とうさん

(2) いっぺんに 赤《あか》だと、みんなが どう なりますか。

びっくりする。

(3) 何《なに》を おしえて あげましたか。

一度《いちど》 黄色 に して、赤 に する こと。

2

「ああ、そうか。」 くまの 子《こ》は 言《い》いました。 「ぼくも、やって みたいな。 ねえ、とうさん。ぼくも、 できるように なるかしら。」

(1) くまの 子《こ》は、とうさんには どんな ことが できると 思《おも》って いるのですか。□から えらんで 書《か》きましょう。

「えいっ。」 と いう 声《こえ》で、しんごう の 色《いろ》を かえる ことが できる。

・かえる ・「えいっ。」 ・しんごう

(令和二年度版 教育出版 ひろがることば 小学国語 二上 みき たく)

55頁

「えいっ」 (8)

名まえ

つぎの 文《ぶん》しょうを 二回《にかい》 読《よ》んで 答《こた》えましょう。

1

「㋐大人に、なればね。」 とうさんは、 ㋑平気《へいき》な かおを して 言《い》いました。

(1) ㋐大人の 読《よ》みかたを 書《か》きましょう。

おとな

(2) ㋑平気《へいき》な かおとは、どんな かおですか。○を つけましょう。

( ) おこった かお

(○) おちついた かお

2

「まあ、しっかり べんきょうするんだな。」 ㋒「うん、ぼく、する。」 とうさんみたいに、 なりたい。」

(1) ㋒うん、ぼく、すると あり ますが、何《なに》を するのですか。

べんきょう

(2) くまの 子《こ》は、なぜ とうさん みたいに なりたいのですか。 思《おも》った ことを 書《か》きましょう。

(れい)

とうさんみたいに、しんごうの 色が かえられる、えらい人に なりたいから。

(令和二年度版 教育出版 ひろがることば 小学国語 二上 みき たく)

56頁

きつねの おきゃくさま (1)

名まえ

つぎの あらすじと 文《ぶん》しょうを 二回《にかい》 読《よ》んで、答《こた》えましょう。

はらぺこきつねは やせた ひよこと 出会《であ》いました。ひよこを たべようと 思《おも》いましたが、やせて いるので 太《ふと》らせてから たべる ことに しました。さんぽに 出《で》かけた ひよこは、やせた あひると 出会《であ》いました。あひるが、「いい すみかは ないか。」と こまって いたので、きつねの うちに さそいました。ひよこは こわがる あひるに、きつねの ことを 「親切《しんせつ》な お兄《にい》ちゃんだよ。」と 話《はな》しました。それを きいて、きつねは ぼうっと なりました。ひよこも あひるも、まるまる 太《ふと》って きました。きつねは、いつか 二人《ふたり》を たべようと 思《おも》って いました。

1

ある 日《ひ》、ひよこと あひるが、さんぽに 行《い》きたいと 言《い》い出《だ》した。

㋐はあん。にげる 気《き》かな。きつねは、そうっと ついて いった。

2

ひよこと あひるが 夏《なつ》の うたなんか うたいながら あるいて いると、やせた うさぎが やって きたとさ。

（令和二年度版　教育出版　ひろがることば　小学国語　二上　あまん　きみこ）

1

(1) さんぽに 行《い》きたいと 言《い》い出《だ》したのは、ひよこと だれですか。

［ひよこと あひる。］

(2) ㋐はあん。にげる 気《き》かなと 思《おも》ったのは だれですか。

きつね

2

(1) ひよこと あひるが あるいて いると、だれが やって きましたか。

［（やせた）うさぎ］

57頁

きつねの おきゃくさま (2)

名まえ

つぎの 文《ぶん》しょうを 二回《にかい》 読《よ》んで、答《こた》えましょう。

ひよこと あひると うさぎが 話《はなし》を して います。

1

㋐「やあ、ひよこと あひる。どこかに いい すみかは ないかなあ。こまってるんだ。」

「あるわよ。㋐きつねお兄《にい》ちゃんちよ。あたしたちと いっしょに 行《い》きましょ。」

※すみか…すむところ・いえ

2

「きつねだって？ とうんでもない。㋑がぶりと やられるぜ。」

「ううん。きつねお兄《にい》ちゃんは、かみさまみたいなんだよ。」

（令和二年度版　教育出版　ひろがることば　小学国語　二上　あまん　きみこ）

1

(1) ㋐は だれが 言《い》った ことばですか。

うさぎ

(2) ㋐あたしたちとは、だれと だれですか。

［ひよこ と あひる。］

2

(1) ㋑がぶりと やられるとは、どういう いみですか。一《ひと》つに ○を つけましょう。

（ ）だまされて しまうよ。
（○）たべられて しまうよ。
（ ）いっしょに すもうと 言《い》われるよ。

58頁

きつねの おきゃくさま (3)

名まえ

つぎの 文《ぶん》しょうを 二回《にかい》 読《よ》んで、答《こた》えましょう。

1

それを かげで 聞《き》いた ㋐きつねは、うっとりして、きぜつしそうに なったとさ。

そこで、きつねは、ひよこと あひると うさぎを、㋑かみさまみたいに そだてた。

2

そして、㋒三人《さんにん》が 「かみさま みたいな お兄《にい》ちゃん」の 話《はなし》を して いると、㋓ぼうっと なった。

うさぎも、まるまる 太《ふと》って きたぜ。

（令和二年度版　教育出版　ひろがることば　小学国語　二上　あまん　きみこ）

1

(1) ㋐きつねは、うっとりして、きぜつしそうに なったと ありますが、なぜですか。一《ひと》つに ○を つけましょう。

（ ）はらが 立《た》ったから。
（○）うれしく なったから。
（ ）かなしく なったから。

(2) ㋑かみさまみたいなのは、だれですか。

きつね

2

(1) ㋒三人《さんにん》とは、だれですか。三《みっ》つに ○を つけましょう。

（ ）きつね　（○）ひよこ
（○）あひる　（○）うさぎ

(2) ㋓ぼうっと なったのは、だれですか。

きつね

59頁

きつねの おきゃくさま (4)

名まえ

つぎの 文《ぶん》しょうを 二回《にかい》 読《よ》んで、答《こた》えましょう。

1

ある 日《ひ》。くろくも山《やま》の おおかみが 下《お》りて きたとさ。

㋐「こりゃ、うまそうな においだねえ。ふん ふん、ひよこに、あひるに、うさぎだな。」

2

「いや、まだ いるぞ。㋐きつねが いるぞ。」言《い》うなり、きつねは とび出《だ》した。

きつねの からだに、ゆうきが りんりんと わいた。

※ゆうきが りんりんと…おそれずに する ようす。

（令和二年度版　教育出版　ひろがることば　小学国語　二上　あまん　きみこ）

1

(1) おおかみは、どこから やって きましたか。

［くろくも山 から やって きました。］

(2) ㋐は、だれが 言《い》った ことばですか。

［おおかみ］

2

(1) ㋐きつねが いるぞと 言《い》うなり とび出《だ》したのは、だれですか。

［きつね］

(2) きつねが とび出《だ》したのは、何《なん》の ためですか。一《ひと》つに ○を つけましょう。

（ ）おおかみから、じぶんを まもるため。
（ ）ひよこと、あひると、うさぎを、おおかみより 先《さき》に たべるため。
（○）おおかみから、ひよこと、あひると、うさぎを、まもるため。

解答例

本書の解答は，あくまでもひとつの例です。児童に取り組ませる前に，必ず指導される方が問題を解いてください。指導される方の作られた解答をもとに，児童の多様な考えに寄り添って○つけをお願いします。

60頁

きつねの おきゃくさま (5)

名まえ

つぎの 文《ぶん》しょうを 二回《にかい》 読《よ》んで、答《こた》えましょう。

おお、㋐たたかったとも、たたかったとも。じつに、じつに、いさましかったぜ。

そして、おおかみは、とうとう にげて いったとさ。

その ばん。きつねは、はずかしそうに わらって しんだ。

※じつに…ほんとうに

（令和二年度版 教育出版 ひろがることば 小学国語 二上 あまん きみこ）

(1) ㋐たたかったとは、だれと だれが たたかいましたか。

※順不同

きつね と **おおかみ** が たたかいました。

(2) たたかった あとの ことに ついて 答《こた》えましょう。

① おおかみは、たたかった あと、どう しましたか。

（れい）**にげて いった。**

② きつねは、どう なりましたか。

（れい）**わらって しんだ。**

61頁 (62・63頁は略)

きつねの おきゃくさま (6)

名まえ

つぎの 文《ぶん》しょうを 二回《にかい》 読《よ》んで、答《こた》えましょう。

1 まるまる 太《ふと》った、ひよこと あひると うさぎは、にじの 森《もり》に、小《ちい》さい おはかを 作《つく》った。

2 そして、せかい一《いち》 やさしい、親切《しんせつ》な、かみさまみたいな、そのうえ ゆうかんな きつねの ために、なみだを ながしたとさ。とっぴん ぱらりの ぷう。

（令和二年度版 教育出版 ひろがることば 小学国語 二上 あまん きみこ）

1 ㋐おはかに ついて 答《こた》えましょう。

① だれの ㋐おはかですか。

きつね

② だれが 小《ちい》さい ㋐おはかを 作《つく》りましたか。

ひよこと あひると うさぎ

2 ひよこと あひると うさぎは、きつねの ことを どう 思《おも》って いますか。

せかい一《いち》 **やさしい**、**親切** な、**かみさま** みたいな、そのうえ **ゆうかん** な きつね。

64頁 (65頁は略)

かなづかい (3)

「お」だんの ながい 音《おと》

名まえ

● 絵《え》に あう ことばは どれでしょう。（　）の 文字《もじ》の 正《ただ》しい ほうを ○で かこみましょう。

①  こ（**お**・う）り

②  ほの（**お**・う）

③  ひこ（お・**う**）き

④  ぼ（お・**う**）し

⑤  お（**お**・う）かみ

⑥  すいと（お・**う**）

⑦  ほ（**お**・う）ずき

⑧  いも（お・**う**）と

⑨  ろ（お・**う**）そく

⑩  お（**お**・う）い

66頁 (67頁は略)

かなづかい (5)

じとぢ／ずとづ

名まえ

● 絵《え》を 見《み》て、□に あう 字《じ》を えらんで 書《か》きましょう。

①  すう **じ** （じ・ぢ）

②  かん **づ** め （ず・づ）

③  うで **ず** もう （ず・づ）

④  みか **づ** き （ず・づ）

⑤  はな **ぢ** （じ・ぢ）

⑥  く **じ** ら （じ・ぢ）

⑦  みみ **ず** （ず・づ）

⑧  そう **じ** き （じ・ぢ）

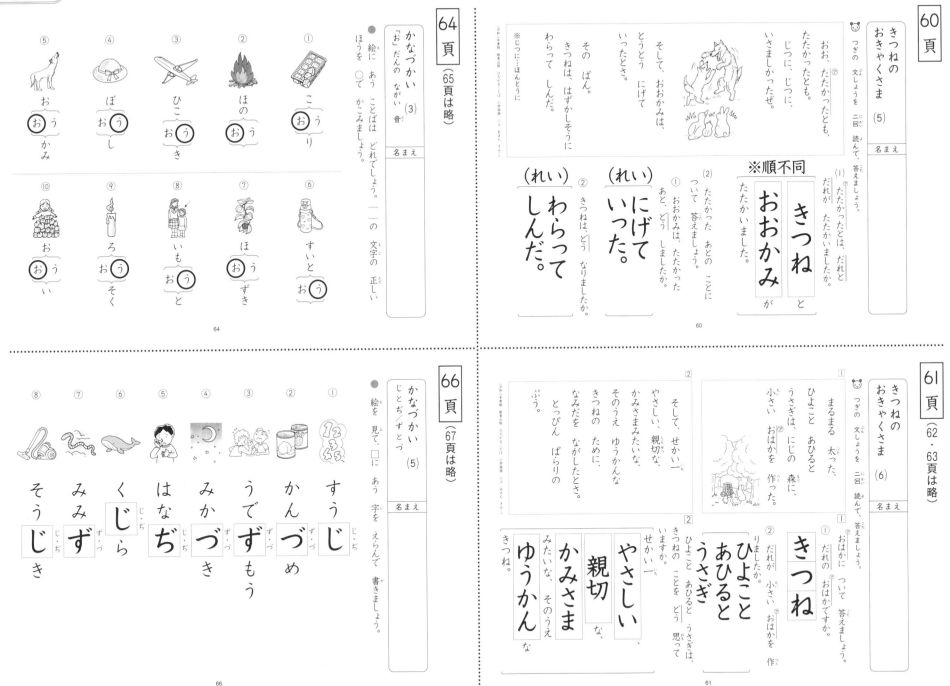

68頁（69頁は略）

かなづかい くっつきの は・を・へ (7)

名まえ

● □に あう 字《じ》を えらんで 書《か》きましょう。

① ともだち **を** お・を むかえ **え** え・へ に えき **へ** え・へ いく。

② か **わ** は・わ いい ぬいぐるみ **を** お・を もらった。

③ 山《やま》 **へ** え・へ **え** え・へ んそくに いく。

④ わたし **は** は・わ、**は** は・わ しるのが **は** は・わ やい。

⑤ にもつ **を** お・を へや **へ** え・へ はこぶ。

⑥ **お** お・を かあさんの かた **を** お・を たたく。

⑦ ぼく **は** は・わ、ごはん **を** お・を **お** お・を かわり する。

⑧ おね **え** え・へ さん **は** は・わ、うた **を** お・を うたう。

71頁

同《おな》じ ぶぶんを もつ かん字《じ》 (2)

名まえ

● つぎの 文《ぶん》の 中《なか》に、同《おな》じ ぶぶんを もつ かん字《じ》が 二《ふた》つずつ あります。二《ふた》つの かん字《じ》を さがして □に 書《か》きましょう。

① 学校《がっこう》で、あたらしい かん字《じ》を ならう。 **学** **字**

② 小刀《こがたな》で 色《いろ》がみを 切《き》る。 **刀** **切**

③ 今《いま》、おとうさんは、会社《かいしゃ》に いる じかんだ。 **今** **会**

④ わたしは、白《しろ》い 大《おお》きな 犬《いぬ》を かって いる。 **大** **犬**

⑤ 晴《は》れた 日《ひ》に 山《やま》のぼりを する。 **晴** **日**

⑥ 妹《いもうと》と 姉《あね》が、図書《としょ》かんへ 行《い》く。 **妹** **姉**

70頁

同《おな》じ ぶぶんを もつ かん字《じ》 (1)

名まえ

(1) ①〜③は 同《おな》じ ぶぶんを もつ かん字《じ》です。あてはまる 同《おな》じ ぶぶんを ——線《せん》で むすびましょう。

① 村《むら》 林《はやし》 休《やす(む)》

② 町《まち》 男《おとこ》 思《おも(う)》

③ 妹《いもうと》 姉《あね》

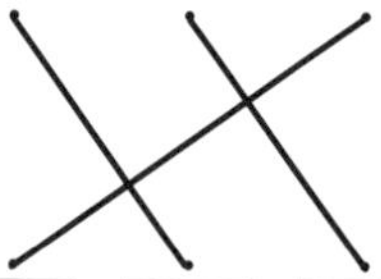

木 **女** **田**

(2) つぎの ぶぶんを もつ かん字《じ》を □ から 二《ふた》つずつ えらんで 書《か》きましょう。

① 言 … **話** **読**

② 日 … **晴** **早**

③ 糸 … **線** **絵**

晴・線・話・絵・読・早

④ 氵 … **海** **汽**

⑤ 人 … **今** **会**

⑥ 子 … **学** **字**

海・今・学・会・字・汽

72頁

丸《まる》(。)、点《てん》(、)、かぎ(「 」) (1)

名まえ

・文《ぶん》を 書《か》く ときは、丸《まる》(。)や 点《てん》(、)を つかいましょう。

・丸《まる》(。)は 文《ぶん》の おわりに つけましょう。

・点《てん》(、)は、文《ぶん》の 中《なか》の 切《き》れ目《め》に うちましょう。

、 。

● つぎの 文《ぶん》を 丸《まる》(。)と 点《てん》(、)を つかって 書《か》きましょう。

① とんぼが、とんでいます。

とんぼが、とんでいます。

② 春《はる》に花《はな》が、さきます。

春に花が、さきます。

③ あにが、かぜをひいた。

あにが、かぜをひいた。

④ ははと、かいものに行《い》く。

ははと、かいものに行く。

本書の解答は，あくまでもひとつの例です。児童に取り組ませる前に，必ず指導される方が問題を解いてください。指導される方の作られた解答をもとに，児童の多様な考えに寄り添って○つけをお願いします。

73頁

丸《まる》（。）、点《てん》（、）、かぎ（「」）(2)

名まえ

● つぎの 文《ぶん》を 丸《まる》（。）と 点《てん》（、）を つかって 書《か》きましょう。

① ポストに、手《て》がみを入《い》れました。

ポストに、手がみを入れました。

② ぼうしが、風《かぜ》でとばされました。

ぼうしが、風でとばされました。

③ ひまわりが、なつのはれた日《ひ》にさきました。

ひまわりが、なつのはれた日にさきました。

④ わたしは、口《くち》ぶえをふきながら歩《ある》きます。

わたしは、口ぶえをふきながら歩きます。

74頁

丸《まる》（。）、点《てん》（、）、かぎ（「」）(3)

名まえ

・話《はな》した ことばや 本《ほん》の だい名《めい》などを 書《か》く ときは、行《ぎょう》を かえて、かぎ（「」）を つけて 書きましょう。

・話《はな》した ことばの おわりの 丸《まる》と かぎ（。」）は、おなじ ますの 中《なか》に 書《か》きましょう。

「　」　。」

● つぎの 文《ぶん》の ますの 中《なか》に、丸《まる》（。）と 点《てん》（、）と かぎ（「」）を 書《か》きましょう。

①

きのう、学校《がっこう》で「か

ぐやひめ」を読《よ》んだ。

②

おねえさんが、

「ありがとう。」

と言《い》ってくれました。

75頁 (76～78頁は略)

丸《まる》（。）、点《てん》（、）、かぎ（「」）(4)

名まえ

● つぎの 文《ぶん》の ますの 中《なか》に、丸《まる》（。）と 点《てん》（、）と かぎ（「」）を 書《か》きましょう。

①

きょう、学校《がっこう》で「かさこ

じぞう」をかりました。

どんなお話《はなし》か、読《よ》むのが

たのしみです。

②

きのう、さか上《あ》がりが、

はじめてできました。

ともだちが、

「すごいね。」

と言《い》ってくれました。

79頁 (80頁は略)

なかまの ことばと かん字《じ》(4)

名まえ

● つぎの なかまの ことばを □に 書《か》きましょう。

① きせつ

春 → 夏 → 秋 → 冬 → 春

② 一日《いちにち》

朝 → 昼 → 夜 → 朝

③ 一週間《いっしゅうかん》

日 → 月 → 火 → 水 → 木 → 金 → 土

81頁（82頁は略）

うごきを あらわす ことば (2)

名まえ

● つぎの 絵《え》の うごきを あらわす ことばを 下《した》の □ から えらんで □ の 中《なか》に 書《か》きましょう。

① はしる
② ころぶ
③ ぶら下がる
④ なげる
⑤ ける
⑥ うける
⑦ とぶ
⑧ 立つ
⑨ のぼる
⑩ すべる

①② ・ころぶ ・はしる
③④ ・ぶら下《さ》がる ・なげる
⑤⑥ ・うける ・ける
⑦⑧ ・とぶ ・立《た》つ
⑨⑩ ・すべる ・のぼる

81

83頁（84頁は略）

うごきを あらわす ことば (4)

名まえ

● つぎの 絵《え》の うごきを あらわす ことばを 下《した》の □ から えらんで □ の 中《なか》に 書《か》きましょう。

① 読む
② ならべる
③ 書く
④ 切る
⑤ おる
⑥ こねる
⑦ ぬる
⑧ もぐる
⑨ はる
⑩ ちぎる

①② ・読《よ》む ・ならべる
③④ ・切《き》る ・書《か》く
⑤⑥ ・こねる ・おる
⑦⑧ ・ぬる ・もぐる
⑨⑩ ・ちぎる ・はる

83

85頁

うごきを あらわす ことば (6)

名まえ

● つぎの 絵《え》の うごきを あらわす ことばを 下《した》の □ から えらんで □ の 中《なか》に 書《か》きましょう。

① かざる
② のぼる
③ さく
④ なく
⑤ あおぐ
⑥ はこぶ
⑦ すわる
⑧ たべる
⑨ とる
⑩ かく

①② ・のぼる ・かざる
③④ ・なく ・さく
⑤⑥⑦ ・すわる ・はこぶ ・あおぐ
⑧⑨⑩ ・とる ・たべる ・かく

85

86頁

うごきを あらわす ことば (7)

名まえ

● つぎの 文《ぶん》に あう うごきことばを □ から えらんで 書《か》きましょう。

・切《き》る ・あそぶ

① はさみで かみを 切る。

② 友《とも》だちと ボール《ぼーる》で あそぶ。

・ほえる ・みがく

③ しっかりと はを みがく。

④ 犬《いぬ》が ワンワン《わんわん》と ほえる。

・おちる ・たべる

⑤ 山《やま》で おにぎりを たべる。

⑥ さるが 木《き》から おちる。

86

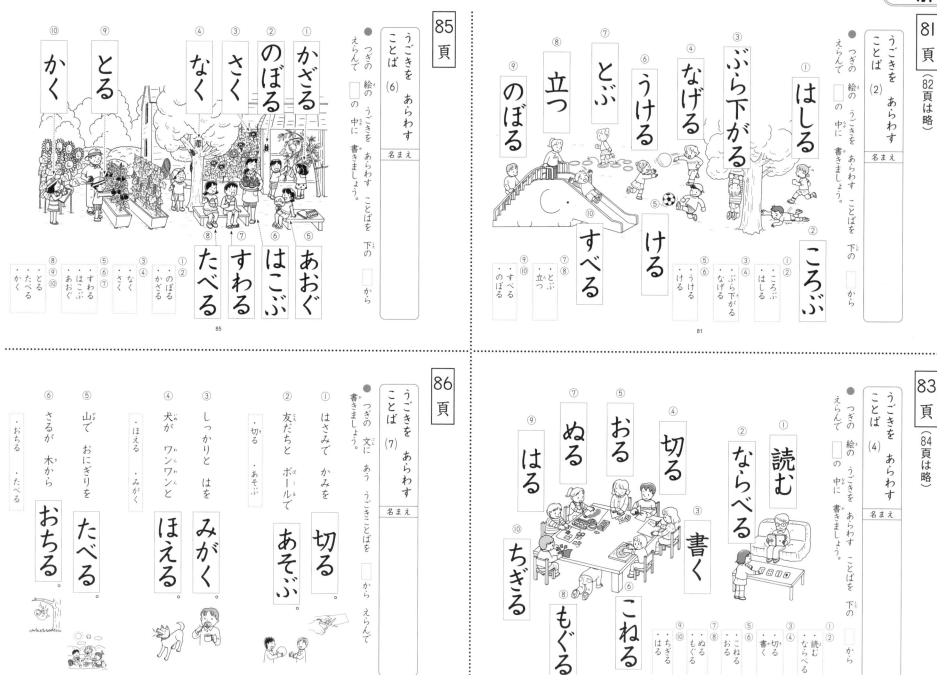

解答例

本書の解答は，あくまでもひとつの例です。児童に取り組ませる前に，必ず指導される方が問題を解いてください。指導される方の作られた解答をもとに，児童の多様な考えに寄り添って○つけをお願いします。

87頁

うごきを あらわす ことば (8)

名まえ

● つぎの 文《ぶん》に あう うごきことばを □ から えらんで 書《か》きましょう。

① おばあちゃんに 手《て》がみを **書く**。

② 鳥《とり》が 空《そら》を **とぶ**。

・とぶ ・書《か》く

③ 朝早《あさはや》く 学校《がっこう》へ **行く**。

④ トラック《とらっく》が にもつを **はこぶ**。

・行《い》く ・はこぶ

⑤ ひまわりの 花《はな》が **さく**。

⑥ 先生《せんせい》が 名前《なまえ》を **よぶ**。

・よぶ ・さく

87

88頁

うごきを あらわす ことば (9)

名まえ

● つぎの 文《ぶん》に あう うごきことばを □ から えらんで 書《か》きましょう。

① 朝《あさ》 おきて 顔《かお》を **あらう**。

② えんぴつの しんが **おれる**。

③ お母《かあ》さんと ハンバーグを **つくる**。

・おれる ・あらう ・つくる

④ つよい 風《かぜ》が **ふく**。

⑤ 楽《たの》しい 音楽《おんがく》を **聞く**。

⑥ ドアを トントンと **たたく**。

・たたく ・ふく ・聞《き》く

88

89頁 (90～93頁は略)

うごきを あらわす ことば (10)

名まえ

● つぎの 文《ぶん》に あう うごきことばを □ から えらんで 書《か》きましょう。

① 金魚《きんぎょ》を **すくう**。

② きれいな 海《うみ》で **およぐ**。

③ 公園《こうえん》までの みちを **教える**。

・教《おし》える ・およぐ ・すくう

④ 子犬《こいぬ》が **生まれる**。

⑤ はりに 糸《いと》を **通す**。

⑥ かん字《じ》の 読《よ》み方《かた》を **しらべる**。

・生《う》まれる ・しらべる ・通《とお》す

89

94頁

かん字の 書《か》き方《かた》 (画《かく》と ひつじゅん) (5)

名まえ

● つぎの かん字《じ》は、それぞれ 何画《なんかく》で 書《か》きますか。かん字《じ》を なぞって、下《した》の ○に かん字《じ》の 数字《すうじ》で 書《か》きましょう。

① 人《ひと》 ノ→人　人 **二**画《かく》

② 女《おんな》 く→女→女　女 **三**画《かく》

③ 木《き》 一→十→オ→木　木 **四**画《かく》

④ 右《みぎ》 ノ→ナ→右→右→右　右 **五**画《かく》

⑤ 糸《いと》 く→幺→幺→糸→糸→糸　糸 **六**画《かく》

かん字を つくって いる 点や、いちどに 書く 線を 画と いうよ。また、画の 数を 画数と いうよ。

かん字《じ》の 数字《すうじ》 (一《いち》、二《に》、三《さん》、四《し》、五《ご》、六《ろく》、七《しち》、八《はち》、九《きゅう》、十《じゅう》)

94

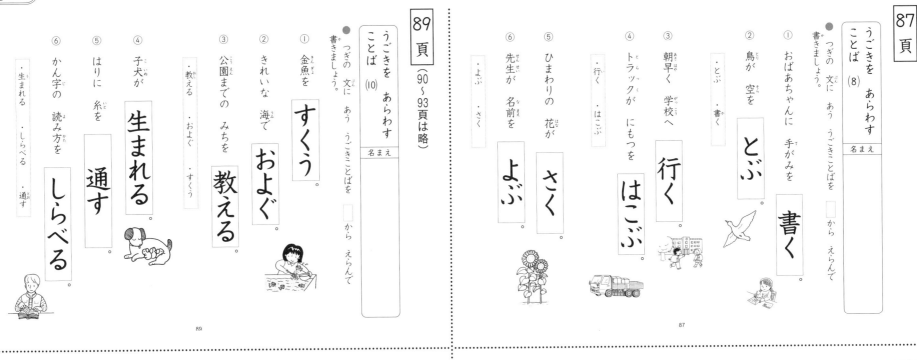

95頁

かん字《じ》の 書《か》き方《かた》 (画《かく》と ひつじゅん) (6)

名まえ

● つぎの かん字《じ》は、それぞれ 何画《なんかく》で 書《か》きますか。かん字《じ》を なぞって、下《した》の ◯に かん字《じ》の 数字《すうじ》で 書《か》きましょう。

① 上《うえ》 丨→ト→上　上 三画《かく》

② 左《ひだり》 一→ナ→𠂇→𠂇→左　左 五画《かく》

③ 年《とし》 ノ→𠂉→𠂉→𠂉→𠂉→年　年 六画《かく》

④ 日《ひ》 丨→冂→日→日　日 四画《かく》

⑤ 目《め》 丨→冂→月→目→目　目 五画《かく》

⑥ 車《くるま》 一→厂→戸→百→百→亘→車　車 七画《かく》

96頁

かん字《じ》の 書《か》き方《かた》 (画《かく》と ひつじゅん) (7)

名まえ

● 一画目《いっかくめ》は どこですか。一画目《いっかくめ》を なぞりましょう。

〈れい〉 入 はい(る)

① 人 ひと
② 木 き
③ 車 くるま
④ 学 まな(ぶ)
⑤ 耳 みみ
⑥ 右 みぎ
⑦ 左 ひだり
⑧ 上 うえ
⑨ 金 かね
⑩ 女 おんな
⑪ 足 あし

97頁 (98～101頁は略)

こんな ことを して いるよ (1)

名まえ

(1) つぎの 文《ぶん》しょうを 「はじめ」「中《なか》」「おわり」に 気《き》を つけて 読《よ》みましょう。

わたしは、家《いえ》でおさらあらいをします。

おさらあらいをするときには、まず、水《みず》でおさらのよごれをながします。そして、スポンジにせんざいをつけて、おさらをみがきます。さいごに、水《みず》であわをながします。

きれいなおさらになると、とてもうれしくなります。

(2) 「はじめ」「中《なか》」「おわり」の せつめいに あう 文《ぶん》を ——線《せん》で むすびましょう。

① はじめ ―― これから 話《はな》す こと。

② 中《なか》 ―― した ことや、思《おも》ったり、かんじた こと。

③ おわり ―― おわった ときの 気《き》もち。

じゅんじょを あらわす ことばは、「まず」「そして」「さいごに」などが あるよ。

102頁 (103頁は略)

二《ふた》つの かん字《じ》で できて いる ことば (2)

名まえ

● 二《ふた》つの かん字《じ》で できて いる ことばの いみを 書《か》きましょう。

① 青空《あおぞら》 → 青い空
② 白線《はくせん》 → 白い線
③ 海水《かいすい》 → 海の水
④ 小川《おがわ》 → 小さな川
⑤ 高音《こうおん》 → 高い音
⑥ 休日《きゅうじつ》 → 休みの日
⑦ 大木《たいぼく》 → 大きな木

本書の解答は，あくまでもひとつの例です。児童に取り組ませる前に，必ず指導される方が問題を解いてください。指導される方の作られた解答をもとに，児童の多様な考えに寄り添って○つけをお願いします。

104頁

二《ふた》つの かん字《じ》で できて いる ことば (4)

名まえ

● 二《ふた》つの かん字《じ》で できて いる ことばの いみを 書《か》きましょう。

① 子《こ》牛《うし》 → 子どもの牛

② 夏《なつ》空《ぞら》 → 夏の空

③ 月《げっ》光《こう》 → 月の光

④ 小《こ》石《いし》 → 小さい石

⑤ 同《どう》点《てん》 → 同じ点数

⑥ 太《ふと》字《じ》 → 太い字

⑦ 右《みぎ》手《て》 → 右の手

105頁

二《ふた》つの かん字《じ》で できて いる ことば (5)

名まえ

● つぎの ことばの 読《よ》みを （ ）に、いみを □に 書《か》きましょう。

① 小石 （こいし） 小さい石

② 高音 （こうおん） 高い音

③ 右手 （みぎて） 右の手

④ 白線 （はくせん） 白い線

⑤ 休日 （きゅうじつ） 休みの日

⑥ 夏空 （なつぞら） 夏の空

⑦ 小川 （おがわ） 小さな川

106頁

二《ふた》つの かん字《じ》で できて いる ことば (6)

名まえ

● つぎの ことばの 読《よ》みを （ ）に、いみを □に 書《か》きましょう。

① 同点 （どうてん） 同じ点数

② 子牛 （こうし） 子どもの牛

③ 大木 （たいぼく） 大きな木

④ 太字 （ふとじ） 太い字

⑤ 海水 （かいすい） 海の水

⑥ 青空 （あおぞら） 青い空

⑦ 月光 （げっこう） 月の光

喜楽研の支援教育シリーズ
もっと　ゆっくり　ていねいに学べる
個別指導に最適
読解ワーク 基礎編 2-①
光村図書・東京書籍・教育出版の
教科書教材などより抜粋

2023年3月1日

イ ラ ス ト：山口　亜耶　他
表紙イラスト：山口　亜耶
表紙デザイン：エガオデザイン
企 画・編 著：原田　善造・あおい　えむ・今井　はじめ・さくら　りこ
中　あみ・中　えみ・中田　こういち・なむら　じゅん
はせ　みう・ほしの　ひかり・堀越　じゅん・みやま　りょう（他４名）
編 集 担 当：長谷川　佐知子

発　行　者：岸本　なおこ
発　行　所：喜楽研（わかる喜び学ぶ楽しさを創造する教育研究所：略称）
〒604-0827　京都府京都市中京区高倉通二条下ル瓦町 543-1
TEL 075-213-7701　FAX 075-213-7706　HP https://www.kirakuken.co.jp
印　　　刷：株式会社米谷

ISBN：978-4-86277-411-8

Printed in Japan